Texte für den Deutschunterricht

Geschichten für das 10. Schuljahr

Herausgegeben von
Anna Krüger

Verlag Moritz Diesterweg

Frankfurt am Main · Berlin · München

1139

Die Sammlung „Texte für den Deutschunterricht" erscheint in Jahrgangs-
bändchen gleichen Umfangs für das 2. bis 10. Schuljahr (MD-Nr. 1131
bis 1139).

ISBN 3-425-01139-1

3. Auflage 1973

Verlag Moritz Diesterweg, Frankfurt am Main.

Gesamtherstellung: Union Druckerei GmbH Stuttgart

Inhaltsverzeichnis

* Wegen der Stilform, des Gehalts oder der Symbolaussage schwieriger zu lesen.

Die Fahrt des Herrn von Ringen

Werner Bergengruen

Ernst Johann Biron, Günstling der Zarin Anna und zeitweilig Regent des russischen Kaiserreiches, ein Mann rücksichtslosen und harten Willens, wurde nach dem Absterben des herzoglichen Hauses zum Herzog von Kurland gewählt; hinter ihm standen die russischen Kanonen und Bajonette. Er residierte nicht wie seine Vorgänger in Mitau, sondern blieb am Petersburger Hofe. Ein Netz von Spähern überzog das Herzogtum; wer in den Verdacht bironfeindlicher Gesinnung oder gar bironfeindlicher Äußerungen geriet, dem konnte es geschehen, daß er bei Nacht aufgehoben und ohne Verhör und Urteil nach Sibirien oder in entlegene Gouvernements des russischen Reiches verschleppt wurde.

Es war die Zeit der Intrige, der Willkür, des Geheimnisses. Man kennt die Eigentümlichkeiten despotisch geübter Macht. Vorrichtungen und Getriebe wachsen über die Köpfe der zu ihrer Bedienung Bestellten; eine Verwechslung, ein Fehler in der Schreibung eines Namens, die verdrießlich geknurrte Bemerkung eines Vorgesetzten, nur zur Hälfte verstanden, aber vom verängstigten Untergebenen vorsichtshalber als Befehl aufgefaßt, kann lösend, verstrickend, umstürzend in jedes Privatleben einwirken. Wer das merkwürdige Schicksal des Herrn von Ringen auf Aldenshof erwägt, mag sich derartiges vor Augen halten.

Der junge, noch unvermählte Heinrich von Ringen lebte mit seiner ledigen Schwester im elterlichen Hause und bewirtschaftete an Stelle des kränklichen Vaters das kleine Gut. Bei dem schmalen Vermögen der Familie hatte er keinen leichten Stand. Die landwirtschaftliche Tätigkeit nahm ihn gänzlich in Anspruch. Um die öffentlichen Dinge kümmerte er sich nicht. Er lebte gleichmäßig und still. Seine Erholung fand er in der Jagd, im Umgang mit den Seinigen oder in gelegentlichem Verkehr mit den Nachbarn.

Am Abend eines heißen Sommertages geschah es, daß er nach Einbruch der Dunkelheit in der vom Herrenhause zur Landstraße führenden Pappelallee lustwandelte, um die Kühle zu genießen. Da sah er vier Männer auf sich zukommen, die ihm unbekannt schienen. Er blieb stehen und fragte sie in deutscher und, als keine Antwort erfolgte, in lettischer Sprache nach ihrem Begehr. Die Männer schwiegen, dem Herrn von Ringen wurde es unheimlich. Er hatte keine Waffe bei sich, nicht einmal einen Stock, im Augenblick war er gepackt und zu Boden geworfen. Grobe Hände schlossen sich um seinen Hals und hinderten ihn am Schreien. Er wurde gefesselt und geknebelt und dann zur Landstraße gebracht, wo ein geschlossener zweispänniger Wagen stand, neben dem einige Reiter und Handpferde hielten. Die Männer, die den Herrn von Ringen überfallen hatten, wechselten mit den Reitern einige Worte in einer Sprache, die er nicht verstand und die ihm Russisch zu sein schien. Dann wurde die Wagentür geöffnet und der Gefangene hineingeschoben. Die Tür schloß sich wieder, und der Wagen setzte sich samt seiner Eskorte in Bewegung.

All dies war so schnell vor sich gegangen, daß der junge Mensch zunächst nicht recht zum Bewußtsein dessen kam, was mit ihm geschah. Erst jetzt, da er in der Finsternis auf dem übrigens reichlich geschütteten Stroh lag — einen Sitz enthielt der Wagen nicht —, begann er sich zu sammeln und seine Lage zu überdenken.

Er entsann sich der Stellung, in welcher der Wagen auf der Landstraße gestanden hatte, und schloß daraus, daß die Fahrt in östlicher Richtung, also der livländischen, und das bedeutete: der russischen Grenze zu, gehen müsse. Wer aber waren die Männer, die ihn überfallen hatten und fortschleppten?

„Ich hätte rechtzeitig um Hilfe rufen sollen, gleich im ersten Augenblick!" dachte er. „Immer entschließe ich mich zu langsam."

Vergeblich fragte er sich, ob er einen mächtigen Feind habe. Konnte er jemandem im Wege stehen, jemanden unwissentlich gekränkt haben? In dem beschränkten Kreise seiner Bekannten wußte er keinen, der ihm übel wollte.

So konnte er denn nicht anderes glauben, als daß ein Irrtum vorgefallen oder daß er Räubern in die Hände geraten war. Bei diesem Gedanken beruhigte er sich ein wenig, indem er sich sagte: „Was sollte mir drohen? Was kann meinen Begleitern oder sonst jemandem auf der Welt an meinem Leben gelegen sein, dem Leben eines unbedeutenden Landedelmannes? Ist es ein Mißverständnis, so muß es sich aufklären. Sind es Räuber, so werden sie Lösegeld verlangen. Der Vater wird Geld aufnehmen, vielleicht ein Stück Wald schlagen lassen müssen. Gewiß, das wäre arg, aber es ließe sich überstehen." Er begann in seiner langsamen Art zu rechnen, darüber verwirrten sich seine Gedanken, und da er seit dem frühen Morgen tätig gewesen war, schlief er ein, von der gleichmäßigen Bewegung des Wagens gewiegt.

Als er erwachte, hielt das Fuhrwerk. Die Tür wurde geöffnet, er wurde hinausgezogen und von Fesseln und Knebel befreit. Gleichzeitig zeigte ihm aber einer der Männer seine Pistole und gab ihm durch allerhand Zeichen zu verstehen, welches Schicksal ihn im Falle eines Fluchtversuches erwartete. Der Herr von Ringen sah sich um und erkannte im Mondschein eine kleine, wohl zwei Meilen östlich von Aldenshof gelegene, ihm von der Jagd her vertraute Waldwiese, auf der er weidende Pferde erblickte. Um sich gewahrte er etwa acht bewaffnete Männer, deren einige ihm die Uniform russischer Husaren zu tragen schienen. Sie lagerten sich im Kreise, hießen ihn durch Zeichen ihrem Beispiel zu folgen und begannen eine Abendmahlzeit einzunehmen, nicht ohne ihrem Gefangenen von ihren aus kaltem Fleisch, Brot und Branntwein bestehenden Vorräten reichlich mitzuteilen. Sei es aber, daß keiner von den Männern der deutschen oder der lettischen Sprache mächtig war, sei es, daß ein höherer Befehl ihnen den Mund verschloß: sie gaben auf alles Anreden und Fragen des Herrn von Ringen keine Antwort, und es gelang ihm nicht, zu erfahren, wer seine Entführer waren und was für Pläne sie mit ihm hatten.

Das wurde auch an den folgenden Tagen nicht anders, an denen die Reise genau in der bisherigen Form fortgesetzt wurde, nur mit dem Unterschiede, daß der Gefangene von Fesseln und Knebel frei blieb. Dafür waren aber die Fenster des Wagens dicht verhängt, und die Tür blieb verschlossen. Nur wenn der Trupp rastete, was stets an abgelegenen und einsamen Orten geschah, durfte der Herr von Ringen sein Gefängnis verlassen. Seine Begleiter behandelten ihn nicht schlecht und verpflegten ihn reichlich, nie aber gelang es ihm, auf seine Fragen eine Antwort zu erhalten. Er merkte indessen, daß die Fahrtrichtung östlich blieb, und konnte daher gewiß sein, daß der am zweiten Tage auf einer Fähre überschrittene Fluß die Düna gewesen war.

Fast stündlich erwartete der Gefangene das Eintreten eines Ereignisses, das seine Lage klären oder wenigstens das Abenteuer in einen neuen Abschnitt bringen müsse. Indessen verging Tag um Tag, und nichts geschah: es wurde gefahren, gerastet und wieder gefahren. Aus den Tagen wurden Wochen, und keine Änderung trat ein. Die Tage begannen kürzer, die Nächte kühler zu werden, und man gab dem Herrn von Ringen einen Schafspelz und einige Pferdedecken. Gerastet wurde nicht mehr unter freiem Himmel, sondern auf Gütern oder in einsamen Bauernhöfen. Aber jeden Annäherungsversuch des Herrn von Ringen an deren Bewohner verhinderten seine Wächter.

Und ganz allmählich begann die Ungeduld des Gefangenen sich zu legen. Längst hatte er gemerkt, daß ihm für Leib und Leben keine unmittelbare Gefahr drohte, und wie denn der Mensch sich an fast alles zu gewöhnen vermag, so gewöhnte der Herr von Ringen sich auch an dieses

Leben im Wagen. Er war überzeugt, daß irgendeinmal irgendeine Lösung geschehen mußte, und da er keinerlei Möglichkeit sah, etwas zu unternehmen, das die Heraufkunft dieser Lösung beschleunigen konnte, so faßte er sich geduldig, wie es denn überhaupt nicht in seiner Art lag, sich unnützen Gedanken oder gar Hirngespinsten hinzugeben.

Die Männer, die ihn begleiteten, wurden mehrmals durch andere abgelöst, die aber an Schweigsamkeit und Wachsamkeit ihren Vorgängern nichts nachgaben. Aus dem geschlossenen Wagen war ein geschlossener Schlitten geworden; man fuhr über endlose Schneefelder und rastete häufiger als im Sommer.

Hatte der Herr von Ringen anfangs noch aus dem Stande der Sonne und der Sternbilder Schlüsse auf die Fahrtrichtung ziehen können, so gab er das allmählich auf, nachdem er beobachtet hatte, daß es wohl zuerst nach Osten gegangen war, dann aber alle Himmelsrichtungen einander abwechselten.

Der Schnee schmolz, die Wasser schäumten, die Frühlingsstürme stoben über die weite Ebene, und die Zeit der schlimmsten Unwegsamkeit wurde in einem einsamen Kruge abgewartet. Dann wurde der Schlitten wieder mit einem Wagen vertauscht, und die endlose Fahrt hob abermals an. Die Zugvögel kehrten zurück, die Sonne schien, es wurde Sommer, es wurde Herbst, Winter, Frühling und wieder Sommer. Der Herr von Ringen aber hatte längst alle Hoffnung verloren, daß die Fahrt jemals ihr Ziel erreichen und er seine Freiheit wiedererlangen könne. Zwei Jahre fuhr er im geschlossenen Gefährt, zwei Jahre rastete er an fremden Feuern, zwei Jahre sprach niemand ein Wort mit ihm und er mit niemandem. Da hatte sich denn sein einfacher Geist in den Gang des Geschehens gefügt; er hatte sich dumpf ergeben und meinte, es sei Gottes Wille und sein Schicksal, daß er also reisen müsse.

Da geschah es eines Nachts, daß er erwachte, während der Wagen hielt. Aber alles blieb totenstill, und niemand kam wie sonst, um die verschlossene Tür zu öffnen und ihn hinauszulassen. Der Herr von Ringen wartete geduldig Stunde um Stunde, aber nichts drang an sein Ohr. Da faßte er den Griff der Wagentür, sie war unverschlossen und gab nach. Der Herr von Ringen stieg aus und sah in der Morgensonne den Park und das Herrenhaus von Aldenshof vor sich liegen. Er schüttelte sich, als wollte er einen Traum verscheuchen, er fuhr sich mit der Hand über die Augen, aber das Bild blieb. Er schaute sich um, der Wagen stand allein, und es waren weder Pferde noch Begleiter zu sehen.

Da ging es wie ein Erwachen über ihn hin, langsam ging er durch den Park, in welchem er als Knabe so oft gespielt hatte, auf sein Vaterhaus zu.

Er trat ins Eßzimmer ein, wo seine Eltern und seine Schwester bei ihrer Morgenmahlzeit saßen, und blieb schweigend an der Tür stehen. Sie sahen erst überrascht auf, sie erkannten ihn nicht in seiner schlechten, groben Kleidung, seinem langen, wirren, ungepflegten Haupt- und Barthaar, dann schrie seine Mutter: „Heinrich!" stürzte auf ihn zu und schloß ihn unter Tränen in ihre Arme. Alle drei küßten und umarmten ihn, weinten, lachten und fragten durcheinander. Er aber blieb scheu und abwesend, fast wie einer, der von Fremden fälschlicherweise für einen der Ihrigen gehalten und mit ihrem Vertrauen beschenkt wird, ohne den Zusammenhang zu verstehen und das Mißverständnis so schnell aufklären zu können.

Allmählich jedoch fand er sich in den Kreis der Seinen, und wenn er auch nicht viel sprach, so ließ er doch ein wenig Freude erkennen. Sie pflegten und stärkten ihn, so gut sie konnten, und nach einigen Wochen ging er wieder seinen früheren Beschäftigungen nach, als sei nicht viel vorgefallen. Nur blieb er wortkarg und ernst, zeigte sich ungern den Nachbarn, die auf die Kunde von seiner Rückkehr in Scharen zu Gaste kamen, und behielt einen fremden und abwesenden Gesichtsausdruck bei.

Sein Vater, der vor Zeiten studiert hatte und in allen Schriftkünsten erfahren war, verfaßte eine umfangreiche Klageschrift und sandte sie, mit seinem Siegel und des Sohnes Bestätigung versehen, durch die Ritterschaft an die herzogliche Regierung.

Eine Weile nach der Rückkehr des Herrn von Ringen fuhr eines Nachts sein Patenkind, der kleine Stalljunge Indrik, aus dem Schlafe auf und gewahrte eine Gestalt im Stall. Er erkannte den jungen Herrn, der eine Laterne in der Hand trug, sprang hinzu und fragte nach seinen Befehlen. Der aber winkte ihm schweigend ab, zog selbst zwei Pferde aus dem Stall, und während der Junge schon wieder schlief, spannte er den großen geschlossenen Wagen an, mit dem er zurückgekommen war, und fuhr langsam in die Nacht hinaus. Und wie sehr man ihn auch am nächsten Tag und in der Folgezeit suchte, so hat ihn niemand je wieder zu Gesicht bekommen.

Die Klageschrift aber war mittlerweile an den herzoglichen Hof gelangt, lagerte hier eine Zeitlang in allerhand Kanzleien und wanderte dann zur russischen Regierung weiter, wo sie zunächst das gleiche Schicksal hatte.

Dann gelangte sie auf dem Umwege über den herzoglichen Hof und die kurländische Ritterschaft wieder nach Aldenshof zurück, und es war ein Begleitschreiben dabei, welches besagte, man werde mit alleräußerster Strenge verfahren, wenn der Klagesteller imstande sei, die Schuldigen an der Entführung seines Sohnes anzugeben.

Als aber dieser Bescheid in Aldenshof eintraf, da war der Herr von Ringen schon lange verschollen.

Mov

Hans Henny Jahnn

Der älteste Sohn Faltins, Mov, war dem Großvater nachgeschlagen. Er ging auf die See, er besuchte die Schulen und lernte sich an alle Examen heran. Er war fleißig und sehr still. Er wurde, bald nachdem er sein Patent erworben hatte, Kapitän und führte ein kleines Frachtschiff für eine unbedeutende Reederei in Höganaes. Seine Uniform war nicht prächtig: ein abgetragener blauer Jackettanzug mit ankergeschmückten vergoldeten Knöpfen und ein paar zerschlissenen Tressen am Ärmel. Er schlug sich an den kleinen Plätzen, die das Schiff anlief, mit Maklern, Verladern, Schiffshändlern herum. Er hatte harte Tage und Nächte, wenn die See schwer war und mit der Schute spielte, ihr Schläge versetzte, daß sie in allen Spanten erzitterte. Er hörte die Stimmen der Mannschaft: „Kapitän, Kapitän, heute geht es nicht gut, heute nimmt sie uns." Er saß in seinem kleinen niedrigen Kartenzimmer, zirkelte den Kurs aus, hörte die Worte, das Geheul, das tiefe Stöhnen der Dampfkessel. Die Lampe schaukelte, der alte, drehbare Mahagonisessel knarrte unter dem schwankenden Gewicht des Mannes. Im Raume roch es nach Medizin, weil eine Flasche in der Arzneikiste ausgelaufen war. – Das war seine Welt. Bis hierher war er gekommen. Davon hatte er geträumt, als er ein Kind war. Und es war ein schwerer Dienst. Der Reeder war nicht mit ihm unzufrieden; aber er tat so, als ob er mit ihm unzufrieden wäre. Immer sollte die Kost für die Mannschaft billiger angeschafft werden, immer die Frachtraten hinaufgesetzt. Aber Mov klagte niemals; wahrscheinlich war er selbst mit diesem Teil seines Loses zufrieden.

Die Matrosen, die Heizer waren weniger als er, hausten in schmierigen Löchern. Ihre Kleidung roch nach Tran oder Heringen. Sie waren geringere Leute als er; aber er liebte sie wie sich selbst. Er hatte keinen Dünkel. Doch er saß an dem Teakholztisch mit den merkwürdig gedrechselten Beinen, mit den Barrieren rings um die Platte, damit Karten, Winkelmesser und Zirkel nicht herabgeschleudert würden. Ein Mann der Wache meldete etwas. Der Kapitän antwortete. Er hatte sein Schiff. Es war nichts Großartiges. Aber er liebte es. Er wollte nicht einmal ein anderes. Er war nicht herrschaftlich genug, um ein großes oder prächtiges zu führen. Er richtete sich mit seinem Leben ein.

Frau Larssons Auskünfte über ihn waren nicht viel ergiebiger. Sie wußte indessen auch, daß er nicht verheiratet war, kaum ein Dutzend Freitage im Jahre hatte und sie nicht dazu verwandte, um auf Brautschau zu gehen. Zwar lehnte Frau Larsson es ab zu wissen, wie er es mit den Mädchen hielt; aber sie war überzeugt, daß sie ihm nichts Erhebliches bedeuteten.

Er war in der Tat sehr anspruchslos, wenig getrieben. Er beneidete seine Leute wegen der Ausschreitungen, die sie begingen. Er beneidete sie und bewunderte sie. Er kam selbst in den Häfen kaum aus seiner Kajüte heraus, außer daß er Makler, Verlader, Händler in Geschäften aufsuchte. Zuweilen sagte er ein paar dunkle, pessimistische Worte. Man behielt sie, weil sie ganz unvermutet von seinen Lippen kamen: „Wir mühen uns ein paar Jahrzehnte ab, jeder auf seine Weise. Eines Tages legen sie uns in einen Kasten und graben uns ein." Man antwortete ihm: „So ist es." Oder auch: „Es hat keinen Zweck, daran zu denken."

Er dachte auch nicht oft daran. Nur zuweilen, wenn er sich in seiner Koje ausstreckte, das Wetter auf dem Meere still war oder draußen der abendliche Kai mit seinen elektrischen Lampen durch die Bullaugen hereinschwieg, der Lärm nur noch die Stimme eines betrunkenen Matrosen hatte, der Geruch von Tran, Heringen, faulem Obst und scharfem Käse mit einem lauen Abendwind eindrang — dann dachte er, daß er bald oder ein wenig später verschwinden würde, verschwinden, wie er gekommen. Dann wiederholte er sich: „Bis hierher bin ich gekommen. Das habe ich erreicht. Das war mein Ziel. Dafür bin ich auf die Schulen gegangen. Dafür habe ich alle Ängste der Examen auf mich genommen. Damit ich nicht vergesse, was ich erreicht habe, sind noch alle Knabenängste bei mir. Darum werde ich niemals ein ganzer Mann werden. Damit ich nicht vergesse, daß ich dies erreicht habe, daß ich diese Hütte bewohne, in dieser Koje ausgestreckt liege, dies Schiff führe, diese Mannschaft unter mir habe, die Heizer und die Gasten. — Ob sie mir ansehen, daß ich ein halbwüchsiges Kind geblieben bin? Daß ich niemals auf ähnliche Weise wild bin, wie sie es sind? Daß ich meinen Grog nur trinke, weil andere Kapitäne es tun?"

Er fühlte dann, eine Stunde lang, ehe er einschlief, daß er glücklich war, daß er keinen Wunsch hatte, außer: immer hierzubleiben, der zu bleiben, der er war, ein unfertiger Mann, doch ein Kapitän auf einem kleinen Frachtdampfer, beladen mit den Sorgen seines Reeders; allen Tücken des Meeres und der Menschen an den Hafenplätzen ausgesetzt; aber immer in der Gewißheit, daß sein Schiff seine Zuflucht war. An diesen Platz war er gestellt worden. Er konnte ihn ausfüllen. Er verstand es, das Schiff zu führen, die Geschäfte an den Hafenplätzen befriedigend zu erledigen. Er war auf die rechte Weise schroff und weich gegen die Mannschaft. Er verriet niemals, wer er war, daß die abendlichen Stunden in seiner Koje diese seltsame Mischung aus Glück und Verzagtheit hatten. „Gott hat mir bestimmt, daß ich kein Mädchen heiraten soll. Ich werde keine Kinder haben. Das ist mir bestimmt. Das weiß ich. Meine Schwester Olga wird viele Kinder haben; aber ich werde nie ganz erwachsen sein. Ich werde immer schüchtern bleiben. Vielleicht bereiten mir die Mädchen keine große Freude. Ich schäme mich vor ihnen. Ich schäme mich nicht vor mir selbst. Gott hat mich so gemacht, wie ich bin, mit dieser Angst im Herzen, daß ich womöglich niemals so erwachsen sein werde wie der Küchenjunge Sophus, der doch erst siebzehn Jahre alt ist — und mit dieser Freude, dieser unablässigen Freude, daß ich alle Examen bestanden habe und Kapitän geworden bin. Ich habe wahrhaftig schon vergessen, daß ich ein Schiffsjunge war, ein Matrose, ein geringer Mann auf unbekannten Schiffen."

Er grübelte nicht über sich, er machte nur Feststellungen, Feststellungen ohne Reue, ohne Verlangen, daß es anders sein möchte. Er wußte kaum, was eine Gewissensprüfung ist. Er bedurfte ihrer nicht. Er mußte nur von Zeit zu Zeit den Platz erforschen, an dem er stand. Er sagte nicht einmal mit ganzer Deutlichkeit: „Das bin ich; so bin ich." Allenfalls räumte er ein: „Möglicherweise steht es so mit mir." Er sagte auch: „Ich schulde niemand etwas. Ich habe niemand im Stich gelassen. Ich verlasse mich auf niemand. Zwar — ich bin mir selbst nicht genug. Ich habe meine Ängste. Ich bin mir zuweilen abtrünnig. Aber ich habe mein Schiff, meine Mannschaft, meine Beschäftigung und die unvergleichliche Einsamkeit meiner Kajüte. Freilich, eines Tages wird man mich in einen Kasten legen und eingraben. Dann ist dies alles gewesen — und ich weiß nicht einmal mehr wozu. Dies ist, damit auch ich esse und lebe, ernährt werde und mich nützlich mache. Jeder Mensch hat seinen Beruf, und ich habe diesen."

Die Züge seines Antlitzes waren die eines Mannes, der das Meer befährt. Seine grauen Augen blickten scharf. Seine Hände waren sicher; sie zitterten niemals. Er konnte ein halbes Dutzend Gläser starken Punsch trinken, ohne daß ihm jemand etwas angemerkt hätte. Seine Entscheidungen in Geschäften waren klar. Seine Rechenschaft vor sich selbst wurde von Jahr zu Jahr ungenauer. Es unterliefen immer mehr Ereignisse, die nicht oder nur oberflächlich geprüft wurden. So kam auch jene Nacht, die er nie vergaß, für die sein Gewissen nicht einstehen wollte, jene Nacht, in der James Botters verunglückte. Sie wurden auf hoher See von schwerem Wetter überrascht. Der Ozean kam über die Reling. Das Deck war glatt. Botters ging in der Finsternis von vorn nach achtern. Ganz unerwartet, gegen die Regel des pendelnden Schlingerns, entwich der Boden unter seinen Füßen. Er glitt aus, fiel, rollte wie ein Stück Holz gegen die Schiffswand. In jenem Augenblick schrie er. Schrie so laut, daß es den Sturm durchschnitt. Sogleich gischte das Wasser über ihn hinweg, zischte. Er konnte nicht hoffen, daß jemand ihn gehört hatte. Er erhob sich, klammerte sich an, spürte ein unbeschreiblich eisiges Gefühl an seinem Leibe.

Da stand der Kapitän vor ihm, zum wenigsten war es seine Stimme. „Was ist mit dir, Botters?" – „Ich glaube, hier ist ein Haken – – –", sagte der Matrose, machte eine Handbewegung, die der andere in der Finsternis nicht erkennen konnte. „Was für ein Haken?" fragte der Kapitän. „Ich glaube, wir müssen einmal nachsehen –" Unaufgefordert legte der Matrose seinen Arm um den Hals des Kapitäns und begann zu schluchzen. „Bist du gefallen? Bist du verwundet?" – „Ich bin gefallen. Ich glaube, ich bin verwundet."

Die Zähne des Mannes schlugen aufeinander. Der Kapitän Mov Faltin stützte den Matrosen, half ihm die Treppe zum oberen Deck hinauf. Dort begegnete ihnen ein Mann der Wache. James Botters berührte ihn mit seiner freien Hand. Als der Mann stehenblieb, schlang Botters den zweiten Arm um dessen Hals. Er ließ sich mehr tragen, als daß er ging. In der Kajüte des Kapitäns blieb er allein aufrecht stehen. Er fiel nicht, obgleich der Boden unter seinen Füßen tanzte. Der Mann der Wache wollte sich schon entfernen. Doch er hörte Mov Faltins Frage: „Wo steckt denn das Übel?" Und James Botters wies auf seinen Bauch. Der Kapitän entzündete eine kleine messingene Handlampe und leuchtete auf die Stelle. Da sahen sie, daß die Hose am Bund zerrissen war, und aus dem Riß schaute etwas hervor, vergleichbar einer Blase, graurosa von Farbe. Aber es war nicht Haut, nicht Fleisch, nicht Blut. Und es war groß wie eine Walnuß.

„Wir müssen ihn aufs Bett legen", sagte der Kapitän. James Botters schritt aus eigenem Antrieb schwankend zum Bett, und der Mann, der Wache hatte, half ihm, sich hinzustrecken. Er zog ihm auch die Stiefel von den Füßen. Er streifte ihm die Bluse über den Kopf. Dann hörte er wieder die Stimme Mov Faltins, einen Befehl: „Geh jetzt! Sage niemand, was du gesehen hast. Ich werde allein damit fertig werden." Er drängte den Mann hinaus, verriegelte die Tür. Er schraubte den Docht der Lampe so hoch, wie es anging, ohne daß sie rußte. Er zog die Medizinkiste hervor. Dann erst wandte er sich dem Verunglückten wieder zu. Er entkleidete ihn ganz. Und so sah er denn den Matrosen James Botters, sechsundzwanzig Jahre alt, klein an Wuchs, mit verkrüppelten, schmutzigen Zehen, breitem Becken, so daß der Gang des Menschen x-beinig war, weißhäutig, unbehaart, grobhändig, durch keine Schönheit ausgezeichnet, ein durchschnittlicher Mensch, wie er von den Müttern kommt. Aber aus seinem Leibe war groß wie eine Walnuß durch eine Wunde, die kaum noch blutete, die braun umrandet war, eine Schlinge des Darms hervorgetreten.

Dem Matrosen schlugen die Zähne in Kälteschauern wieder aufeinander. Mov Faltin gab ihm ein Viertelwasserglas voll Kognak. „Ich werde ihn zunähen müssen", sagte Mov Faltin zu sich selbst, „ich werde dies Schwierige ausführen müssen, denn er wird sonst in zwei Tagen tot sein." Er suchte Watte und Chloroform hervor. Er ließ den Matrosen den süßlichen Dampf des Betäubungsmittels einatmen. Er wartete ein paar Minuten, las die Beschreibung, wie man Fleischwunden vernähe. Er wußte nicht, wie tief der Schlaf des Verunglückten war, ob er bewußtlos war oder noch wachte, als er sich ans Werk machte. Aber darauf kam es auch nicht an. Der Kapitän betupfte diese schwammige Blase, die aus dem Bauche hervorgetreten war, mit einer desinfizierenden Flüssigkeit. Er tauchte die eigenen Finger in die gleiche Flüssigkeit. Mit einem dieser Finger stieß er den Darm durch die Öffnung im Leibe zurück.

Dann vernähte er sie kunstlos, doch emsig mit einer Anzahl Stichen. Er trieb die krumme Nadel durch Haut und Fleisch. Er tropfte noch einmal mit Bedacht Chloroform auf den Wattebausch, der das Gesicht des Matrosen bedeckte. Dann betrachtete er sein Werk. Nein, er betrachtete das Werk des Schöpfers, den Menschen, der verunglückt war, der leben oder sterben würde. Und dies Anschauen bereitete ihm ein so unermeßliches Glück, einen Genuß von so unirdischer Größe, daß er sich nicht losreißen konnte. Ja, er tröpfelte gegen alle Vernunft nochmals vom öligen Chloroform auf das Gesicht des Matrosen. Endlich kniete er neben dem Bette nieder und begann zu beten. Er betete zu Gott, daß dieser Mensch genesen möge, daß die schwache, unfachmännische Hilfe ausreichen möge, dies durchschnittliche Leben eines Matrosen zu erhalten. Er, der das Beten nicht verstand, keine Übung darin hatte, lag eine halbe Stunde vor dem Bette auf den Knien und lispelte unvollendete Gedanken und Beschwörungen, bemühte JENEN, den er nicht kannte, wollte ihn zwingen, sich in dies Ereignis einzumischen. So fleht ein Knabe um die Genesung eines Kameraden. Mit tränenerstickter Stimme, mit weltengroßer Angst im Herzen, mit Jubel über ein Gefühl im Fleisch, das neu ist.

Endlich erhob er sich, halb betäubt von seinem Gestammel, vom Stampfen und Schlingern des Schiffes, vom Chloroformgeruch. Er wusch die Wunde, die wie ein verklebter Mund war, mit Äther, brachte ein Pflaster darüber an, packte den Kranken fest in Decken ein, nahm ihm den Wattebausch vom Antlitz. Dann riegelte er die Tür auf, schritt in die Nacht hinaus, tastete sich zur Brücke. Wie er über die Brüstung hinausstarrte auf das Vorschiff, gegen das die schwarzen Wellen mit grau schimmernden Kämmen anritten, erkannte er, was mit ihm geschehen war. Er sah noch einmal das Bild James Botters', dort unten auf dem Grunde der Schwärze, die kleine weiße Gestalt, aus der ein wenig Darm hervorgetreten war.

Willenlos betäubt oder halb betäubt, in die Gewalt Faltins gegeben. Und er wußte eine Minute lang, er hatte jenen betrachtet, als ob er ihn liebe. — Er vergaß diese Nacht niemals, aber er verheimlichte ihren eigentlichen Inhalt sehr bald vor sich selbst. Botters genas. Die Wunde eiterte ein paar Wochen lang; dann schloß sie sich, ohne einen Schaden im Bauch zu hinterlassen.

Als man nach zwei Tagen einen Hafen anlief, drang der Kapitän darauf, daß Botters in ein Krankenhaus komme. Aber der weigerte sich. Er lag noch immer im Bett des Kapitäns, wurde mit dünner Hafersuppe ernährt. Er wollte nicht von Bord. Der Kapitän gab dem Wunsche des Kranken merkwürdig schnell nach. Botters blieb in seinem Bette, Mov Faltin schlief noch drei Wochen lang auf einem Sofa. Er pflegte den Kranken mit Sorgfalt, wusch ihm täglich Füße, Hände und Antlitz, überwachte ängstlich die Wunde, reinigte sie, bepflasterte sie. Er befahl eine äußerst karge Diät, beschaute den Darmabgang. Stundenlang saß er schweigend neben dem Lager des Genesenden, dessen Hände allmählich so weiß wurden wie der übrige Körper. Dann wurde die alte Ordnung wieder hergestellt. James Botters zog ins Logis der Matrosen.

„Ich habe nur meine Pflicht getan", sagte Mov Faltin am Ende der für ihn so erregenden Wochen zu sich selbst. Später öffnete er zuweilen den Stöpsel der Chloroformflasche, atmete einen süßlichen Ruchschwaden ein, beschwor einen Traum herauf, dem er keinen Namen gab. „Ich werde immer hierbleiben. Ich kann nirgendwo so gut schlafen wie in meiner Koje. Ich habe keine andere Heimat. Mich verlangt nicht nach den Häfen." Er bereitete niemand Kummer, nicht einmal Überraschungen.

Der Kämpfer

Ernest Hemingway

Nick stand auf. Ihm war nichts passiert. Er sah die Geleise entlang, den Lichtern des Bremserhäuschens nach, die hinter einer Kurve verschwanden. Zu beiden Seiten des Geleises war Wasser, dann Sumpf und Erlengebüsch.

Er betastete sein Knie. Die Hose war zerrissen und die Haut abgeschürft. Seine Hände waren zerkratzt, und Sand und Asche waren tief unter die Nägel gedrungen. Er ging hinüber bis zum Rand des Geleises, die kleine Böschung zum Wasser hinunter und wusch sich die Hände. Er wusch sie sich sorgfältig in dem kalten Wasser und entfernte dabei den Schmutz unter seinen Nägeln. Er kauerte sich hin und badete sein Knie.

Dieser Lausekerl von einem Bremser. Eines Tages würde er ihn schon kriegen. Den erkannte er wieder. Das war 'ne feine Art von Benehmen.

„Komm her, Junge", sagte er, „ich hab was für dich."

Darauf war er reingefallen. Lausig kindisch sowas. Die würden ihn nie wieder so reinlegen.

„Komm her, Junge, ich hab was für dich." Dann *bums,* und er lag auf Händen und Knien neben dem Geleise.

Nick rieb sein Auge. Er kriegte eine große Beule. Das würde ein blaues Auge geben, und wie! Es tat schon weh. Dieser Kerl von einem Drecksbremser!

Er berührte die Beule über seinem Auge mit den Fingern. Na, es war nur ein blaues Auge. Das war alles, was er abgekriegt hatte. Dafür eigentlich billig. Er hätte es gern gesehen, konnte es aber nicht sehen, als er ins Wasser blickte. Es war dunkel, und er war von überall weit entfernt. Er wischte sich die Hände an den Hosen ab und stand auf, dann kletterte er die Böschung hinan auf die Schienen.

Er ging den Geleisen nach. Sie waren gut geschottert; man ging leicht und mühelos. Sand und Kies zwischen den Schwellen; gutes Gehen. Die glatte Strecke lief wie ein Damm durch den Sumpf. Nick marschierte. Irgendwohin mußte er ja kommen.

Nick hatte sich auf einen Güterzug geschwungen, als dieser seine Geschwindigkeit bei den Rangierbahnhöfen außerhalb von Walton Junction verringert hatte. Der Zug mit Nick drauf war, als es anfing, dunkel zu werden, durch Kalkaska gekommen. Jetzt mußte er beinahe in Mancelona sein. Drei oder vier Meilen Sumpf. Er marschierte die Geleise entlang und ging so, daß er auf dem Schotter zwischen den Schwellen blieb; um ihn der Sumpf gespensterhaft in dem aufsteigenden Nebel. Sein Auge tat ihm weh, und er war hungrig. Er marschierte und legte eine Meile nach der andern zurück. Zu beiden Seiten der Geleise war nichts als Sumpf.

Vor ihm lag eine Brücke. Nick ging hinüber; seine Stiefel hallten dumpf auf dem Eisen. Unter ihm schimmerte das Wasser schwarz durch die Ritzen der Schwellen. Nick stieß gegen einen losen Spieker, und er fiel ins Wasser. Jenseits der Brücke waren Hügel. Zu beiden Seiten der Geleise war es dunkel und hoch. Geleisaufwärts sah Nick ein Feuer.

Er ging vorsichtig am Geleise entlang auf das Feuer zu. Es war rechts vom Geleise unterhalb des Eisenbahndamms. Er hatte nur den Feuerschein gesehen. Das Geleise ging hier durch einen Einschnitt, und wo das Feuer brannte, weitete sich das Land und verlief in den Wäldern. Nick ließ sich vorsichtig den Damm hinabgleiten und schlug sich in den Wald, um sich durch die Bäume hindurch dem Feuer zu nähern. Es war ein Buchenwald, und er trat, als er zwischen den Bäumen einherschritt, auf die abgefallenen Bucheckern. Das Feuer leuchtete jetzt hell gerade am Rande der Bäume. Ein Mann saß daran. Nick wartete hinter einem Baum und beobachtete. Der Mann schien allein zu sein. Er saß da, den Kopf in die Hände gestützt, und sah ins Feuer. Nick schritt hervor und trat in den Feuerschein.

Der Mann saß da und starrte ins Feuer. Als Nick ganz dicht neben ihm halt machte, rührte er sich nicht.

„Guten Tag", sagte Nick.

Der Mann sah auf.

„Wo hast du die Beule her?" sagte er.

„Ein Bremser hat mich heruntergeschubst."

„Eben von dem Güterzug?"

„Ja."

„Ich sah das Schwein", sagte der Mann. „Kam hier vor ungefähr anderthalb Stunden durch. Er ging auf den Dächern der Waggons entlang, schlug die Arme zusammen und sang."

„Das Schwein!"

„Muß sich verdammt wohl gefühlt haben, nachdem er dich runtergeschubst hat", sagte der Mann ernst.

„Ich werd' ihm schon was wiederschubsen."

„Triff ihn mit 'nem Stein, wenn er hier durchkommt", riet ihm der Mann.

„Ich werd' ihm schon was."

„Du bist 'n ganz Doller, was?"

„Nein", sagte Nick.

„Seid ihr Jungens ja alle."

„Muß man schon", sagte Nick.

„Genau, was ich gesagt habe."

Der Mann sah Nick an und lächelte. Beim Feuerschein sah Nick, daß sein Gesicht entstellt war. Seine Nase war eingedrückt, seine Augen waren Schlitze, er hatte merkwürdig geformte Lippen. Nick bemerkte das nicht alles sofort; er sah nur, daß das Gesicht des Mannes seltsam geformt und verstümmelt war. Es war wie aus farbigem Plastilin. Sah tot aus beim Feuerschein.

„Dir gefällt wohl meine Visage nicht?" sagte der Mann.

Nick war verlegen. „Doch", sagte er.

„Sieh mal!" Der kleine Mann nahm seine Mütze ab.

Er hatte nur ein Ohr. Es war geschwollen und lag eng am Kopf an. Wo das andere Ohr hätte sein sollen, war ein Stummel.

„Schon mal so was gesehen?"

„Nein", sagte Nick. Ihm wurde ein bißchen übel.

„Ich konnte nehmen", sagte der Mann. „Glaubst du nicht, daß ich nehmen konnte, Junge?"

„Na und ob!"

„Die zerschlugen sich alle die Hände an mir", sagte der kleine Mann. „Mir konnten sie nichts anhaben."

Er sah Nick an. „Setz dich", sagte er, „willst du was essen?"

„Bemühen Sie sich nicht!" sagte Nick. „Ich gehe weiter in die Stadt."

„Hör mal", sagte der Mann, „nenn mich Ad!"

„Gern."

„Hör mal", sagte der kleine Mann. „Ich bin nicht ganz richtig."

„Was ist denn los?"

„Ich bin verrückt."

Er setzte seine Mütze auf. Nick war zum Lachen zumute.

„Sie sind ganz in Ordnung", sagte er.

„Nein, bin ich nicht. Ich bin verrückt. Hör mal, warst du schon mal verrückt?"

„Nein", sagte Nick, „wie packt's einen denn?"

„Ich weiß nicht", sagte Ad, „wenn man's ist, weiß man nichts davon. Du kennst mich, nicht wahr?"

„Nein."

„Ich bin Ad Francis."

„Ehrenwort?"

„Glaubst du's nicht?"

„Doch."

Nick wußte, es mußte wahr sein.

„Weißt du, wodurch ich sie alle unterkriegte?"

„Nein", sagte Nick.

„Mein Herz geht langsam. Schlägt nur vierzig in der Minute. Fühl mal!"

Nick zögerte.

„Na, los!" Der Mann packte seine Hand. „Fühl mal meinen Puls! Tu deine Finger dahin!"

Das Handgelenk des kleinen Mannes war dick, und die Muskeln quollen über den Knochen. Nick fühlte das langsame Pulsen unter seinen Fingern.

„Hast du 'ne Uhr?"

„Nein."

„Ich auch nicht", sagte Ad. „Hat keinen Zweck, wenn du keine Uhr hast."

Nick ließ sein Handgelenk los.

„Hör mal", sagte Ad Francis. „Faß noch mal zu! Du zählst, und ich zähle bis sechzig."

Als er die langsamen, harten Stöße unter seinen Fingern spürte, fing Nick an zu zählen. Er hörte den kleinen Mann langsam zählen: eins, zwei, drei, vier, fünf und so weiter — laut.

„Sechzig", endete Ad. „Das ist eine Minute. Na, was hast du?"

„Vierzig", sagte Nick.

„Stimmt", sagte Ad vergnügt. „Niemals beschleunigt."

Ein Mann ließ sich die Bahndammböschung hinab und kam durch die Lichtung auf das Feuer zu.

„Hallo, Bugs", sagte Ad.

„Hallo", antwortete Bugs. Es war die Stimme eines Negers. Nick erkannte an der Art, wie er ging, daß es ein Neger war. Er kehrte ihnen den Rücken zu und beugte sich über das Feuer. Er richtete sich auf.

„Das ist mein Freund Bugs", sagte Ad. „Er ist auch verrückt."

„Freue mich, Sie kennenzulernen", sagte Bugs. „Wo sagen Sie, daß Sie her sind?"

„Chikago", sagte Nick.

„Das ist eine schöne Stadt", sagte der Neger. „Ich habe Ihren Namen nicht verstanden."

„Adams, Nick Adams."

„Er sagt, daß er nie verrückt gewesen ist, Bugs", sagte Ad.

„Da hat er ja noch allerhand vor sich", sagte der Neger. Er packte ein Paket am Feuer aus.

„Wann essen wir, Bugs?" fragte der Meisterboxer.

„Sofort."

„Bist du hungrig, Nick?"

„Verdammt hungrig."

„Hast du das gehört, Bugs?"

„Höre eigentlich alles, was vorgeht."

„Das hab ich dich nicht gefragt."

„Ja, ich habe gehört, was der Herr gesagt hat." Er legte Schinkenscheiben in eine Pfanne. Als die Pfanne heiß wurde, spritzte das Fett, und Bugs, der auf seinen langen Negerbeinen am Feuer hockte, drehte den Schinken um und schlug Eier in die Pfanne, die er von einer Seite auf die andere kippte, um die Eier von allen Seiten mit heißem Fett zu übergießen.

„Wollen Sie etwas Brot aus dem Sack dort abschneiden, Mister Adams?" Bugs wandte sich vom Feuer weg.

„Gewiß."

Nick langte in den Sack und holte einen Laib Brot heraus. Er schnitt sechs Scheiben. Ad sah ihm zu und lehnte sich vornüber.

„Gib mir dein Messer, Nick, ja?" sagte er.

„Nein, nicht", sagte der Neger. „Behalten Sie Ihr Messer, Mister Adams!"

Der Meisterboxer setzte sich zurück.

„Würden Sie mir wohl das Brot herbringen, Mister Adams?" fragte Bugs. Nick brachte es hinüber.

„Tauchen Sie Ihr Brot gern in Schinkenfett?" fragte der Neger.

„Na und ob!"

„Vielleicht warten wir lieber bis nachher; es schmeckt besser am Schluß vom Essen. Hier."

Der Neger hob ein Stück Schinken hoch und legte es auf eine Scheibe Brot, dann ließ er ein Ei draufgleiten.

„Klappen Sie doch bitte die Stulle zusammen, und geben Sie sie Mister Francis!"

Ad nahm die Stulle und fing an zu essen.

„Passen Sie auf, das Ei läuft herunter", warnte der Neger. „Dies ist für Sie, Mister Adams. Der Rest ist für mich."

Nick biß in seine Stulle. Der Neger saß ihm gegenüber, neben Ad. Der heiße, gebratene Schinken und die Eier schmeckten herrlich.

„Mister Adams ist wirklich hungrig", sagte der Neger. Der kleine Mann, den Nick dem Namen nach als einen Exmeisterboxer kannte, war schweigsam. Er hatte nichts gesagt, seit der Neger über das Messer gesprochen hatte.

„Darf ich Ihnen ein Stück Brot anbieten, das ich gerade in heißes Schinkenfett getaucht habe?" sagte Bugs.

„Danke vielmals."

Der kleine weiße Mann sah Nick an.

„Wollen Sie auch etwas, Mister Adolph Francis?" bot Bugs ihm von der Pfanne her an.

Ad antwortete nicht. Er sah Nick an.

„Mister Francis?" kam die sanfte Stimme des Negers.

Ad antwortete nicht. Er sah Nick an.

„Ich sagte etwas zu Ihnen, Mister Francis", sagte der Neger sanft.

Ad sah Nick immer noch an. Er hatte seine Mütze über die Augen gezogen. Nick wurde nervös.

„Zum Teufel, was hast du hier zu suchen?" kam es scharf unter der Mütze hervor Nick entgegen. „Zum Teufel, wer glaubst du eigentlich, daß du bist? Du bist ein rotznäsiger Lausejunge. Du kommst hierher, wo dich niemand eingeladen hat, und ißt mein Essen, und wenn ich mir dein Messer borgen will, wirst du keß."

Er starrte Nick an. Sein Gesicht war weiß und seine Augen unter der Mütze kaum zu sehen.

„Du bist ein frecher Lümmel. Wer, zum Teufel, hat dich aufgefordert, hier einzudringen?"

„Keiner."

„Da hast du verdammt recht. Keiner. Es hat dich auch keiner gebeten, hierzubleiben. Du kommst einfach hierher, benimmst dich rotznäsig wegen meiner Visage, rauchst meine Zigarren, trinkst meinen Schnaps und redest keß. Zum Teufel noch mal, was bildest du dir eigentlich ein?"

Nick sagte nichts. Ad stand auf.

„Ich werd's dir sagen, du lederbrauner Chikagoer Rotzbengel, du. Ich werd dir den Schädel einschlagen. Hast du kapiert?"

Nick trat zurück. Der kleine Mann näherte sich ihm langsam; er ging plattfüßig vorwärts; sein linker Fuß trat vorwärts; den rechten zog er nach.

„Schlag zu!" Er bewegte seinen Kopf. „Versuch's und schlag zu!"

„Ich will nicht."

„So kommst du mir nicht weg. Du kriegst deine Dresche, hörst du? Los, und lang mir einen!"

„Lassen Sie doch!" sagte Nick.

„Na schön, du Saukerl."

Der kleine Mann sah auf Nicks Füße. Als er runtersah, stellte sich der Neger, der ihm gefolgt war, als er sich vom Feuer entfernt hatte, in Positur und schlug ihm ins Genick. Er fiel nach vorn über, und Bugs ließ den mit Stoff umwickelten Totschläger ins Gras fallen. Der kleine Mann lag mit dem Gesicht im Gras. Der Neger hob ihn auf — der Kopf hing herunter — und trug ihn ans Feuer. Sein Gesicht mit den offenen Augen sah schlimm aus. Bugs legte ihn sanft nieder.

„Wollen Sie mir bitte den Eimer mit Wasser bringen, Mister Adams?" sagte er. „Ich fürchte, ich hab 'n bißchen doll zugeschlagen."

Der Neger bespritzte das Gesicht des Mannes mit Wasser und zog ihn sanft am Ohr. Die Augen schlossen sich.

Bugs stand auf.

„Es ist ihm nichts passiert", sagte er. „Nichts, um sich zu beunruhigen. Es tut mir leid, Mister Adams."

„Schon gut." Nick sah auf den kleinen Mann herab. Er sah den Totschläger im Gras liegen und hob ihn auf. Er hatte einen beweglichen Griff und lag biegsam in seiner Hand. Er war aus abgenutztem, schwarzem Leder gemacht; ein Taschentuch war um das schwere Ende gewickelt.

„Das ist ein Griff aus Walfischknochen", lächelte der Neger. „Man macht sie jetzt nicht mehr. Ich wußte nicht recht, wieweit Sie sich selbst schützen konnten, und auf jeden Fall wollte ich nicht, daß Sie ihm weh täten oder ihn noch ärger zurichten würden, als er's schon ist."

Der Neger lächelte wieder.

„Sie haben ihn aber selbst verletzt."

„Ich weiß, wie man's macht. Er weiß nachher von nichts. Ich muß es machen, damit es umschlägt, wenn er so wird."

Nick sah noch immer auf den kleinen Mann auf der Erde, der mit geschlossenen Augen im Feuerschein lag. Bugs legte etwas Holz aufs Feuer.

„Brauchen sich wirklich keine Sorge zu machen um ihn, Mister Adams! Hab ihn schon oft so gesehen."

„Wodurch ist er verrückt geworden?" fragte Nick.

„Ach, durch allerhand", antwortete der Neger vom Feuer aus. „Wollen Sie eine Tasse Kaffee haben, Mister Adams?"

Er reichte Nick die Tasse und glättete den Mantel, den er unter den Kopf des bewußtlosen Mannes geschoben hatte.

„Erstens hat er zuviel abgekriegt." Der Neger schlürfte seinen Kaffee. „Aber das machte ihn eigentlich nur ein bißchen einfältig. Dann war seine Schwester sein Manager, und es stand immer alles lang und breit in den Zeitungen von Bruder und Schwester, und wie sie ihren Bruder liebte und wie er seine Schwester liebte, und dann heirateten sie in New York, und da gab es natürlich 'ne Menge Unannehmlichkeiten."

„Ja, ich besinne mich darauf."

„Bestimmt. Natürlich waren sie so wenig Geschwister wie wir zwei beiden, aber da waren eine Menge Leute, die es auf jeden Fall unerhört fanden, und dann begannen die Streitigkeiten, und eines Tages machte sie einfach weg und ist niemals zurückgekommen."

Er trank seinen Kaffee aus und wischte sich mit dem rosa Ballen seiner Hand den Mund ab.

„Er ist einfach verrückt geworden. Wollen Sie noch etwas Kaffee haben, Mister Adams?"

„Danke."

„Ich hab sie ein paarmal gesehen", fuhr der Neger fort. „Sie war eine verdammt schöne Frau. Sah ihm ähnlich genug, um sein Zwilling zu sein. Er würde gar nicht schlecht aussehen, wenn sein Gesicht nicht so zugerichtet wäre."

Er schwieg. Die Geschichte schien aus zu sein.

„Wo haben Sie ihn getroffen?" fragte Nick.

„Ich traf ihn im Kittchen", sagte der Neger. „Nachdem sie ihn verlassen hatte, rempelte er immerfort Leute an, und da steckten sie ihn ins Kittchen. Ich saß damals wegen einer Messerstecherei."

Er lächelte und fuhr mit sanfter Stimme fort:

„Ich mochte ihn vom ersten Tage an, und als ich rauskam, hab ich ihn aufgesucht. Es machte ihm Spaß zu denken, daß ich verrückt bin, und mir ist es ganz egal. Ich bin gern mit ihm zusammen und bin gern unterwegs, und ich brauch keinen Diebstahl zu begehen, um es mir leisten zu können. Ich lebe gern wie ein Gentleman."

„Was machen Sie denn beide?" fragte Nick.

„Ach nichts, wir ziehen nur so rum. Er hat Geld."

„Er muß 'ne Menge Geld gemacht haben."

„Sicher, aber er hat all sein Geld ausgegeben. Oder man hat's ihm weggenommen. Sie schickt ihm Geld."

Er schürte das Feuer.

„Sie ist eine riesig famose Frau", sagte er. „Sie sieht ihm ähnlich genug, um sein Zwilling zu sein."

Der Neger sah zu dem kleinen Mann hinüber, der schwer atmend dalag. Sein blondes Haar hing ihm in die Stirn. Sein verstümmeltes Gesicht sah in der Ruhe kindisch aus.

„Ich kann ihn jetzt jederzeit aufwecken, Mister Adams. Wenn's Ihnen recht wäre, verduften Sie gefälligst! Ich bin nicht gern nicht gastlich, aber möglicherweise geht's dann wieder an, wenn er Sie sieht. Ich vermöbel ihn furchtbar ungern, aber es ist das einzige, was man machen kann, wenn's bei ihm losgeht. Ich muß ihn gewissermaßen von allen Leuten fernhalten. Sie nehmen's mir nicht übel, Mister Adams, nicht wahr? Nein, bedanken Sie sich nicht bei mir, Mister Adams. Ich hätt' Sie vor ihm gewarnt, aber er schien Sie so gern zu mögen, und ich dachte, es würde alles ganz friedlich gehen. Ungefähr zwei Meilen die Geleise rauf stoßen Sie auf eine Stadt. Sie heißt Mancelona. Auf Wiedersehen. Ich wünschte, wir könnten Sie bitten, über Nacht zu bleiben, aber es kommt einfach nicht in Frage. Möchten Sie etwas von dem Schinken und Brot mitnehmen? Nein? Nehmen Sie lieber eine Stulle mit!" Alles dies in der weichen, tiefen, höflichen Negerstimme.

„Gut. Also auf Wiedersehen, Mister Adams. Auf Wiedersehen und alles Gute!"

Nick wanderte vom Feuer weg über die Lichtung auf die Eisenbahngeleise zu. Als er aus dem Feuerbereich war, horchte er. Die tiefe, sanfte Stimme des Negers sprach. Nick konnte die Worte nicht verstehen. Dann hörte er den kleinen Mann sagen: „Ich hab blöde Kopfschmerzen, Bugs."

„Wird Ihnen gewiß bald besser gehen, Mister Francis", besänftigte die Stimme des Negers. „Trinken Sie nur eine Tasse von dem heißen Kaffee hier!"

Nick kletterte die Böschung hinauf und ging den Geleisen nach. Er bemerkte die Schinkenstulle in seiner Hand und steckte sie in die Tasche. Als er von der ansteigenden Graden zurückblickte, bevor die Geleise in die Hügel einbogen, konnte er den Feuerschein in der Lichtung sehen.

Brief aus Amerika

Johannes Bobrowski

„Brenn mich, brenn mich, brenn mich!" singt die alte Frau und dreht sich dabei hübsch langsam und bedächtig, und jetzt schleudert sie die Holzpantinen von den Füßen. Da fliegen sie im Bogen bis an den Zaun, und sie dreht sich nun noch schneller unter dem Apfelbäumchen. „Brenn mich, liebe Sonne!" singt sie dazu. Sie hat die Ärmel ihrer Bluse hinaufgeschoben und schwenkt die bloßen Arme, und von den Ästen des Bäumchens fallen kleine, dünne Schatten herab. Es ist heller Mittag, und die alte Frau dreht sich mit kleinen Schritten. „Brenn mich, brenn mich, brenn mich!"

Im Haus auf dem Tisch liegt ein Brief. Aus Amerika. Da steht zu lesen: Meine liebe Mutter, teile Dir mit, daß wir nicht zu Dir reisen werden. Es sind nur ein paar Tage, sag ich zu meiner Frau, dann sind wir dort, und es sind ein paar Tage, sage ich, Alice, dann sind wir wieder zurück. Und es heißt: ehre Vater und Mutter! Und wenn der Vater auch gestorben ist, das Grab ist da, und die Mutter ist alt, sage ich, und wenn wir jetzt nicht fahren, fahren wir niemals. Und meine Frau sagt: Hör mir zu, John, sie sagt John zu mir, dort ist es schön, das hast du mir erzählt, aber das war früher. Der Mensch ist jung oder alt, sagt sie, und der junge Mensch weiß nicht, wie es sein wird, wenn er alt ist, und der alte Mensch weiß nicht, wie es in der Jugend war. Du bist hier etwas geworden, und du bist nicht mehr dort. Das sagt meine Frau. Sie hat recht. Du weißt, ihr Vater hat uns das Geschäft überschrieben, es geht gut. Du kannst deine Mutter herkommen lassen, sagt sie. Aber Du hast ja geschrieben, Mutter, daß Du nicht kommen kannst, weil einer schon dort bleiben muß, weil alle von uns weg sind.

Der Brief ist noch länger. Er kommt aus Amerika. Und wo er zu Ende ist, steht: Dein Sohn Jons.

Es ist heller Mittag, und es ist schön. Das Haus ist weiß. An der Seite steht ein Stall. Auch der Stall ist weiß. Und hier ist der Garten. Ein Stückchen den Berg hinunter steht schon das nächste Gehöft, und dann kommt das Dorf, am Fluß entlang, und die Chaussee biegt heran und geht vorbei und noch einmal auf den Fluß zu und wieder zurück und in den Wald. Es ist schön. Und es ist heller Mittag. Unter dem Apfelbäumchen dreht sich die alte Frau. Sie schwenkt die bloßen Arme. „Liebe Sonne, brenn mich, brenn mich!"

In der Stube ist es kühl. Von der Decke baumelt ein Beifußbusch und summt von Fliegen. Die alte Frau nimmt den Brief vom Tisch, faltet ihn zusammen und trägt ihn in die Küche auf den Herd. Sie geht wieder zurück in die Stube. Zwischen den beiden Fenstern hängt der Spiegel, da steckt in der unteren Ecke links, zwischen Rahmen und Glas, ein Bild. Eine Photographie aus Amerika. Die alte Frau nimmt das Bild heraus, sie setzt sich an den Tisch und schreibt auf die Rückseite: Das ist mein Sohn Jons. Und das ist meine Tochter Alice. Und darunter schreibt sie: Erdmuthe Gauptate, geborene Attalle. Sie zupft sich die Blusenärmel herunter und streicht sie glatt. Ein schöner weißer Stoff mit kleinen blauen Punkten. Aus Amerika. Sie steht auf, und während sie zum Herd geht, schwenkt sie das Bild ein bißchen durch die Luft. Als der Annus von Tauroggen gekommen ist damals und hiergeblieben ist damals: es ist wegen der Arme, hat er gesagt, solche weißen Arme gab es nicht da oben, wo er herkam, und hier nicht, wo er dann blieb. Und dreißig Jahre hat er davon geredet, der Annus.

Der Mensch ist jung oder alt. Was braucht der alte Mensch denn schon? Das Tageslicht wird dunkler, die Schatten werden heller, die Nacht ist nicht mehr zum Schlafen, die Wege verkürzen sich. Nur noch zwei, drei Wege, zuletzt einer.

Sie legt das Bild auf den Herd neben den zusammengefalteten Brief. Dann holt sie die Streichhölzer aus dem Schaff und legt sie dazu. „Werden wir die Milch aufkochen", sagt sie und geht hinaus, Holz holen.

Das Eisenbahnunglück

Thomas Mann

Etwas erzählen? Aber ich weiß nichts. Gut, also ich werde etwas erzählen. Einmal, es ist schon zwei Jahre her, habe ich ein Eisenbahnunglück mitgemacht — alle Einzelheiten stehen mir klar vor Augen.

Es war keines vom ersten Range, keine allgemeine Harmonika mit „unkenntlichen Massen" und so weiter, das nicht. Aber es war doch ein ganz richtiges Eisenbahnunglück mit Zubehör und obendrein zu nächtlicher Stunde. Nicht jeder hat das erlebt, und darum will ich es zum besten geben.

Ich fuhr damals nach Dresden, eingeladen von Förderern der Literatur. Eine Kunst- und Virtuosenfahrt also, wie ich sie von Zeit zu Zeit nicht ungern unternehme. Man repräsentiert, man tritt auf, man zeigt sich der jauchzenden Menge; man ist nicht umsonst ein Untertan Wilhelms II. Auch ist Dresden ja schön (besonders der Zwinger), und nachher wollte ich auf zehn, vierzehn Tage zum „Weißen Hirsch" hinauf, um mich ein wenig zu pflegen und, wenn vermöge der Applikationen der Geist über mich käme, auch wohl zu arbeiten. Zu diesem Behufe hatte ich mein Manuskript zuunterst in meinen Koffer gelegt, zusammen mit dem Notizenmaterial, ein stattliches Konvolut, in braunes Packpapier geschlagen und mit starkem Spagat in den bayrischen Farben umwunden.

Ich reise gern mit Komfort, besonders, wenn man es mir bezahlt. Ich benützte also den Schlafwagen, hatte mir tags zuvor ein Abteil erster Klasse gesichert und war geborgen. Trotzdem hatte ich Fieber wie immer bei solchen Gelegenheiten, denn eine Abreise bleibt ein Abenteuer, und nie werde ich in Verkehrsdingen die rechte Abgebrühtheit gewinnen. Ich weiß ganz gut, daß der Nachtzug nach Dresden gewohnheitsmäßig jeden Abend vom Münchener Hauptbahnhof abfährt und jeden Morgen in Dresden ist. Aber wenn ich selber mitfahre und mein bedeutsames Schicksal mit dem seinen verbinde, so ist das eben doch eine große Sache. Ich kann mich dann der Vorstellung nicht entschlagen, als führe er einzig heute und meinetwegen, und dieser unvernünftige Irrtum hat natürlich eine stille, tiefe Erregung zur Folge, die mich nicht eher verläßt, als bis ich alle Umständlichkeiten der Abreise, das Kofferpacken, die Fahrt mit der belasteten Droschke zum Bahnhof, die Ankunft dortselbst, die Aufgabe des Gepäcks hinter mir habe und mich endgültig untergebracht und in Sicherheit weiß. Dann freilich tritt eine wohlige Abspannung ein, der Geist wendet sich neuen Dingen zu, die große Fremde eröffnet sich dort hinter dem Bogen des Glasgewölbes, und freudige Erwartung beschäftigt das Gemüt.

So war es auch diesmal. Ich hatte den Träger meines Handgepäcks reich belohnt, so daß er die Mütze gezogen und mir angenehme Reise gewünscht hatte, und stand mit meiner Abendzigarre an einem Gangfenster des Schlafwagens, um das Treiben auf dem Perron zu betrachten. Da war Zischen und Rollen, Hasten, Abschiednehmen und das singende Ausrufen der Zeitungs- und Erfrischungsverkäufer, und über allem glühten die großen elektrischen Monde im Nebel des Oktoberabends. Zwei rüstige Männer zogen einen Handkarren mit großem Gepäck den Zug entlang nach vorn zum Gepäckwagen. Ich erkannte wohl an gewissen vertrauten Merkmalen meinen eigenen Koffer. Da lag er, ein Stück unter vielen, und auf seinem Grunde ruhte das kostbare Konvolut. Nun, dachte ich, keine Besorgnis, es ist in guten Händen. Sieh diesen Schaffner an mit dem Lederbandelier, dem gewaltigen Wachtmeisterschnauzbart und dem unwirsch wachsamen Blick! Sieh, wie er die alte Frau in der fadenscheinigen schwarzen Mantille anherrscht, weil sie um ein Haar in die zweite Klasse gestiegen wäre. Das ist der Staat, unser Vater, die Autorität und die Sicherheit. Man verkehrt nicht gern mit ihm, er ist streng, er ist wohl gar rauh, aber Verlaß, Verlaß ist auf ihn, und dein Koffer ist aufgehoben wie in Abrahams Schoß.

Ein Herr lustwandelt auf dem Perron in Gamaschen und gelbem Herbstpaletot, einen Hund an der Leine führend. Nie sah ich ein hübscheres Hündchen. Es ist eine gedrungene Dogge, blank, muskulös, schwarz gefleckt und so gepflegt und drollig wie die Hündchen, die man zuweilen im Zirkus sieht und die das Publikum belustigen, indem sie aus allen Kräften ihres kleinen Leibes um die Manege rennen. Der Hund trägt ein silbernes Halsband, und die Schnur, daran er geführt wird, ist aus farbig geflochtenem Leder. Aber das alles kann nicht wundernehmen angesichts seines Herrn, des Herrn in Gamaschen, der sicher von edelster Abkunft ist. Er trägt ein Glas im Auge, was seine Miene verschärft, ohne sie zu verzerren, und sein Schnurrbart ist trotzig aufgesetzt, wodurch seine Mundwinkel wie sein Kinn einen verachtungsvollen und willensstarken Ausdruck gewinnen. Er richtet eine Frage an den martialischen Schaffner, und der schlichte Mann, der deutlich fühlt, mit wem er es zu tun hat, antwortet ihm, die Hand an der Mütze. Da wandelt der Herr weiter, zufrieden mit der Wirkung seiner Person. Er wandelt sicher in seinen Gamaschen, sein Antlitz ist kalt, scharf faßt er Menschen und Dinge ins Auge. Er ist weit entfernt vom Reisefieber, das sieht man klar, für ihn ist etwas so Gewöhnliches wie eine Abreise kein Abenteuer. Er ist zu Hause im Leben und ohne Scheu vor

27

seinen Einrichtungen und Gewalten, er selbst gehört zu diesen Gewalten, mit einem Worte: ein Herr. Ich kann mich nicht satt an ihm sehen.

Als es ihn an der Zeit dünkt, steigt er ein (der Schaffner wandte gerade den Rücken). Er geht im Korridor hinter mir vorbei, und obgleich er mich anstößt, sagt er nicht „Pardon!". Was für ein Herr! Aber das ist nichts gegen das Weitere, was nun folgt: Der Herr nimmt, ohne mit der Wimper zu zucken, seinen Hund mit sich in sein Schlafkabinett hinein. Das ist zweifellos verboten. Wie würde ich mich vermessen, einen Hund mit in den Schlafwagen zu nehmen. Er aber tut es kraft seines Herrenrechtes im Leben und zieht die Tür hinter sich zu.

Es pfiff, die Lokomotive antwortete, der Zug setzte sich sanft in Bewegung. Ich blieb noch ein wenig am Fenster stehen, sah die zurückbleibenden winkenden Menschen, sah die eiserne Brücke, sah Lichter schweben und wandern ... Dann zog ich mich ins Innere des Wagens zurück.

Der Schlafwagen war nicht übermäßig besetzt; ein Abteil neben dem meinen war leer, war nicht zum Schlafen eingerichtet, und ich beschloß, es mir auf eine friedliche Lesestunde darin bequem zu machen. Ich holte also mein Buch und richtete mich ein. Das Sofa ist mit seidigem, lachsfarbenem Stoff überzogen, auf dem Klapptischchen steht der Aschenbecher, das Gas brennt hell. Und rauchend las ich.

Der Schlafwagenkondukteur kommt dienstlich herein, er ersucht mich um mein Fahrscheinheft für die Nacht, und ich übergebe es seinen schwärzlichen Händen. Er redet höflich, aber rein amtlich, er spart sich den Gute-Nacht-Gruß von Mensch zu Mensch und geht, um an das anstoßende Kabinett zu klopfen. Aber das hätte er lassen sollen, denn dort wohnte der Herr mit den Gamaschen, und sei es nun, daß der Herr seinen Hund nicht sehen lassen wollte oder daß er bereits zu Bett gegangen war, kurz, er wurde furchtbar zornig, weil man es unternahm, ihn zu stören, ja, trotz dem Rollen des Zuges vernahm ich durch die dünne Wand den unmittelbaren und elementaren Ausbruch seines Grimmes. „Was ist denn?" schrie er. „Lassen Sie mich in Ruhe — Affenschwanz!" Er gebrauchte den Ausdruck „Affenschwanz" —, ein Herrenausdruck, ein Reiter- und Kavaliersausdruck, herzstärkend anzuhören. Aber der Schlafwagenkondukteur legte sich aufs Unterhandeln, denn er mußte den Fahrschein des Herrn wohl wirklich haben, und da ich auf den Gang trat, um alles genau zu verfolgen, so sah ich mit an, wie schließlich die Tür des Herrn mit kurzem Ruck ein wenig geöffnet wurde und das Fahrscheinheft dem Kondukteur ins Gesicht flog, hart und heftig gerade ins Gesicht. Er fing es mit beiden Armen auf, und obgleich er die eine Ecke ins Auge bekommen hatte, so daß es tränte, zog er die Beine zusammen und dankte, die Hand an der Mütze. Erschüttert kehrte ich zu meinem Buch zurück.

Ich erwäge, was etwa dagegen sprechen könnte, noch eine Zigarre zu rauchen, und finde, daß es so gut wie nichts ist. Ich rauche also noch eine im Rollen und Lesen und fühle mich wohl und gedankenreich. Die Zeit vergeht, es wird zehn Uhr, halb elf Uhr oder mehr, die Insassen des Schlafwagens sind alle zur Ruhe gegangen, und schließlich komme ich mit mir überein, ein Gleiches zu tun.

Ich erhebe mich also und gehe in mein Schlafkabinett. Ein richtiges, luxuriöses Schlafzimmerchen mit gepreßter Ledertapete, mit Kleiderhaken und vernickeltem Waschbecken. Das untere Bett ist schneeig bereitet, die Decke einladend zurückgeschlagen. O große Neuzeit! denke ich. Man legt sich in dieses Bett wie zu Hause, es bebt ein wenig die Nacht hindurch, und das hat zur Folge, daß man am Morgen in Dresden ist. Ich nahm meine Handtasche aus dem Netz, um etwas Toilette zu machen. Mit ausgestreckten Armen hielt ich sie über meinem Kopfe.

In diesem Augenblick geschieht das Eisenbahnunglück. Ich weiß es wie heute.

Es gab einen Stoß — aber mit Stoß ist wenig gesagt. Es war ein Stoß, der sich sofort als unbedingt bösartig kennzeichnete, ein in sich abscheulich krachender Stoß und von solcher Gewalt, daß mir die Handtasche, ich weiß nicht wohin, aus den Händen flog und ich selbst mit der Schulter schmerzhaft gegen die Wand geschleudert wurde. Dabei war keine Zeit zur Besinnung. Aber was folgte, war ein entsetzliches Schlenkern des Wagens, und während seiner Dauer hatte man Muße, sich zu ängstigen. Ein Eisenbahnwagen schlenkert wohl bei Weichen, bei scharfen Kurven, das kennt man. Aber dies war ein Schlenkern, daß man nicht stehen konnte, daß man von einer Wand zur anderen geworfen wurde und dem Kentern des Wagens entgegensah. Ich dachte etwas sehr Einfaches, aber ich dachte es konzentriert und ausschließlich. Ich dachte: „Das geht nicht gut, das geht nicht gut, das geht keinesfalls gut." Wörtlich so. Außerdem dachte ich: „Halt! Halt! Halt!" Denn ich wußte, daß, wenn der Zug erst stünde, sehr viel gewonnen sein würde. Und siehe, auf dieses mein stilles und inbrünstiges Kommando stand der Zug.

Bisher hatte Totenstille im Schlafwagen geherrscht. Nun kam der Schrecken zum Ausbruch. Schrille Damenschreie mischen sich mit den dumpfen Bestürzungsrufen von Männern. Neben mir höre ich „Hilfe!" rufen, und kein Zweifel, es ist die Stimme, die sich vorhin des Ausdrucks „Affenschwanz" bediente, die Stimme des Herrn in Gamaschen, seine von Angst entstellte Stimme. „Hilfe!" ruft er, und in dem Augenblick, wo ich den Gang betrete, auf dem die Fahrgäste zusammenlaufen, bricht er in seidenem Schlafanzug aus seinem Abteil hervor und steht da mit irren Blicken. „Großer Gott!" sagt er. „Allmächtiger Gott!" Und um sich gänzlich zu demütigen und so vielleicht seine Vernichtung abzuwenden, sagt er auch noch in bittendem Tone: „Lieber Gott..." Aber plötzlich besinnt er sich eines andern und greift zur Selbsthilfe. Er wirft sich auf das Wandschränkchen, in welchem für alle Fälle ein Beil und eine Säge hängen, schlägt mit der Faust die Glasscheibe entzwei, läßt aber, da er nicht gleich dazu gelangen kann, das Werkzeug in Ruh', bahnt sich mit wilden Püffen einen Weg durch die versammelten Fahrgäste, so daß die halbnackten Damen aufs neue kreischen, und springt ins Freie.

Das war das Werk eines Augenblicks. Ich spürte erst jetzt meinen Schrecken: eine gewisse Schwäche im Rücken, eine vorübergehende Unfähigkeit hinunterzuschlucken. Alles umdrängte den schwarzhändigen Schlafwagenbeamten, der mit roten Augen ebenfalls herbeigekommen war; die Damen mit bloßen Armen und Schultern rangen die Hände.

Das sei eine Entgleisung, erklärte der Mann, wir seien entgleist. Was nicht zutraf, wie sich später erwies. Aber siehe, der Mann war gesprächig unter diesen Umständen, er ließ seine amtliche Sachlichkeit dahinfahren, die großen Ereignisse lösten seine Zunge, und er sprach intim von seiner Frau. „Ich hab' noch zu meiner Frau gesagt: ‚Frau', sag' ich, ‚mir ist ganz, als ob heut' was passieren müßt.'" Na, und ob nun vielleicht nichts passiert sei? Ja, darin gaben alle ihm recht. Rauch entwickelte sich im Wagen, dichter Qualm, man wußte nicht woher, und nun zogen wir alle es vor, uns in die Nacht hinauszubegeben.

Das war nur mittelst eines ziemlich hohen Sprunges vom Trittbrett auf den Bahnkörper möglich, denn es war kein Perron vorhanden, und zudem stand unser Schlafwagen bemerkbar schief, auf die andere Seite geneigt. Aber die Damen, die eilig ihre Blößen bedeckt hatten, sprangen verzweifelt, und bald standen wir alle zwischen den Schienensträngen.

Es war fast finster, aber man sah doch, daß bei uns hinten den Wagen eigentlich nichts fehlte, obgleich sie schief standen. Aber vorn — fünfzehn oder zwanzig Schritte weiter vorn! Nicht umsonst hatte der Stoß in sich so abscheulich gekracht. Dort war eine Trümmerwüste, man sah ihre Ränder, wenn man sich näherte, und die kleinen Laternen der Schaffner irrten darüber hin.

Nachrichten kamen von dort, aufgeregte Leute, die Meldungen über die Lage brachten. Wir befanden uns dicht bei einer kleinen Station, nicht weit hinter Regensburg, und durch Schuld einer defekten Weiche war unser Schnellzug auf ein falsches Geleise geraten und in voller Fahrt einem

Güterzug, der dort hielt, in den Rücken gefahren, hatte ihn aus der Station hinausgeworfen, seinen hinteren Teil zermalmt und selbst schwer gelitten. Die große Schnellzugmaschine von Maffei in München war hin und entzwei. Preis siebzigtausend Mark. Und in den vorderen Wagen, die beinahe auf der Seite lagen, waren zum Teil die Bänke ineinandergeschoben. Nein, Menschenverluste waren, gottlob, wohl nicht zu beklagen. Man sprach von einer alten Frau, die herausgezogen worden sei, aber niemand hatte sie gesehen. Jedenfalls waren die Leute durcheinandergeworfen worden, Kinder hatten unter Gepäck vergraben gelegen, und das Entsetzen war groß. Der Gepäckwagen war zertrümmert. Wie war das mit dem Gepäckwagen? Er war zertrümmert.

Da stand ich...

Ein Beamter läuft ohne Mütze den Zug entlang, es ist der Stationschef, und wild und weinerlich erteilt er Befehle an die Passagiere, um sie in Zucht zu halten und von den Geleisen in die Wagen zu schicken. Aber niemand achtet sein, da er ohne Mütze und Haltung ist. Beklagenswerter Mann! Ihn traf wohl die Verantwortung. Vielleicht war seine Laufbahn zu Ende, sein Leben zerstört. Es wäre nicht taktvoll gewesen, ihn nach dem großen Gepäck zu fragen.

Ein anderer Beamter kommt daher — er *hinkt* daher, und ich erkenne ihn an seinem Wachtmeisterschnauzbart. Es ist der Schaffner, der unwirsch wachsame Schaffner von heute abend, der Staat, unser Vater. Er hinkt gebückt, die eine Hand auf sein Knie gestützt, und kümmert sich um nichts als um dieses sein Knie. „Ach, ach!" sagt er. „Ach!" — „Nun, nun, was ist denn?" — „Ach, mein Herr, ich steckte ja dazwischen, es ging mir ja gegen die Brust, ich bin ja über das Dach entkommen, ach, ach!" — Dieses „über das Dach entkommen" schmeckte nach Zeitungsbericht, der Mann brauchte bestimmt in der Regel nicht das Wort „entkommen", er hatte nicht sowohl sein Unglück als vielmehr einen Zeitungsbericht über sein Unglück erlebt, aber was half mir das? Er war nicht in dem Zustande, mir Auskunft über mein Manuskript zu geben. Und ich fragte einen jungen Menschen, der frisch, wichtig und angeregt von der Trümmerwüste kam, nach dem großen Gepäck.

„Ja, mein Herr, das weiß niemand, wie es da ausschaut." Und sein Ton bedeutete mir, daß ich froh sein solle, mit heilen Gliedern davongekommen zu sein. „Da liegt alles durcheinander. Damenschuhe...", sagte er mit einer wilden Vernichtungsgebärde und zog die Nase kraus. „Die Räumungsarbeiten müssen es zeigen. Damenschuhe..."

Da stand ich. Ganz für mich allein stand ich in der Nacht zwischen den Schienensträngen und prüfte mein Herz. Räumungsarbeiten. Es sollten

Räumungsarbeiten mit meinem Manuskript vorgenommen werden. Zerstört also, zerfetzt, zerquetscht wahrscheinlich. Mein Bienenstock, mein Kunstgespinst, mein kluger Fuchsbau, mein Stolz und Mühsal, das Beste von mir. Was würde ich tun, wenn es sich so verhielt? Ich hatte keine Abschrift von dem, was schon dastand, schon fertig gefügt und geschmiedet war, schon lebte und klang — zu schweigen von meinen Notizen und Studien, meinem ganzen in Jahren zusammengetragenen, erworbenen, erhorchten, erschlichenen, erlittenen Hamsterschatz von Material. Was würde ich also tun? Ich prüfte mich genau, und ich erkannte, daß ich von vorn beginnen würde. Ja, mit tierischer Geduld, mit der Zähigkeit eines tiefstehenden Lebewesens, dem man das wunderliche und komplizierte Werk seines kleinen Scharfsinnes und Fleißes zerstört hat, würde ich nach einem Augenblick der Verwirrung und Ratlosigkeit das Ganze wieder von vorn beginnen, und vielleicht würde es diesmal ein wenig leichter gehen ...

Aber unterdessen war Feuerwehr eingetroffen mit Fackeln, die rotes Licht über die Trümmerwüste warfen, und als ich nach vorn ging, um nach dem Gepäckwagen zu sehen, da zeigte es sich, daß er fast heil war und daß den Koffern nichts fehlte. Die Dinge und Waren, die dort verstreut lagen, stammten aus dem Güterzuge, eine unzählige Menge Spagatknäuel zumal, ein Meer von Spagatknäueln, das weithin den Boden bedeckte.

Da ward mir leicht, und ich mischte mich unter die Leute, die standen und schwatzten und sich anfreundeten gelegentlich ihres Mißgeschickes und aufschnitten und sich wichtig machten. Soviel schien sicher, daß der Zugführer sich brav benommen und großem Unglück vorgebeugt hatte, indem er im letzten Augenblick die Notbremse gezogen. Sonst, sagte man, hätte es unweigerlich eine allgemeine Harmonika gegeben, und der Zug wäre wohl auch die ziemlich hohe Böschung zur Linken hinabgestürzt. Preiswürd'ger Zugführer! Er war nicht sichtbar, niemand hatte ihn gesehen. Aber sein Ruhm verbreitete sich den ganzen Zug entlang, und wir alle lobten ihn in seiner Abwesenheit. „Der Mann", sagte ein Herr und wies mit der ausgestreckten Hand irgendwohin in die Nacht, „der Mann hat uns alle gerettet." Und jeder nickte dazu.

Aber unser Zug stand auf einem Geleise, das ihm nicht zukam, und darum galt es, ihn nach hinten zu sichern, damit ihm kein anderer in den Rücken fahre. So stellten sich Feuerwehrleute mit Pechfackeln am letzten Wagen auf, und auch der angeregte junge Mann, der mich so sehr mit seinen Damenstiefeln geängstigt hatte, hatte eine Fackel ergriffen und schwenkte sie signalisierend, obgleich in aller Weite kein Zug zu sehen war.

Und mehr und mehr kam etwas wie Ordnung in die Sache, und der Staat, unser Vater, gewann wieder Haltung und Ansehen. Man hatte telegraphiert und alle Schritte getan, ein Hilfszug aus Regensburg dampfte behutsam in die Station, und große Gasleuchtapparate mit Reflektoren wurden an der Trümmerstätte aufgestellt. Wir Passagiere wurden nun ausquartiert und angewiesen, im Stationshäuschen unserer Weiterbeförderung zu harren. Beladen mit unserem Handgepäck und zum Teil mit verbundenen Köpfen zogen wir durch ein Spalier von neugierigen Eingeborenen in das Warteräumchen ein, wo wir uns, wie es gehen wollte, zusammenpferchten. Und abermals nach einer Stunde war alles aufs Geratewohl in einem Extrazuge verstaut.

Ich hatte einen Fahrschein erster Klasse (weil man mir die Reise bezahlte), aber das half mir gar nichts, denn jedermann gab der ersten Klasse den Vorzug, und diese Abteile waren noch voller als die anderen. Jedoch, wie ich eben mein Plätzchen gefunden, wen gewahre ich mir schräg gegenüber, in eine Ecke gedrängt? Den Herrn mit den Gamaschen und den Reiterausdrücken, meinen Helden. Er hat sein Hündchen nicht bei sich, man hat es ihm genommen, es sitzt allen Herrenrechten zuwider in einem finsteren Verlies gleich hinter der Lokomotive und heult. Der Herr hat auch einen gelben Fahrschein, der ihm nichts nützt, und er murrt, er macht einen Versuch, sich aufzulehnen gegen den Kommunismus, gegen den großen Ausgleich vor der Majestät des Unglücks. Aber ein Mann antwortet ihm mit biederer Stimme: „San S' froh, daß Sie sitzen!" Und sauer lächelnd ergibt sich der Herr in die tolle Lage.

Wer kommt herein, gestützt auf zwei Feuerwehrmänner? Eine kleine Alte, ein Mütterchen in zerschlissener Mantille, dasselbe, das in München um ein Haar in die zweite Klasse gestiegen wäre. „Ist dies die erste Klasse?" fragt sie immer wieder. „Ist dies auch wirklich die erste Klasse?" Und als man es ihr versichert und ihr Platz macht, sinkt sie mit einem „Gottlob!" auf das Plüschkissen nieder, als ob sie erst jetzt gerettet sei.

In Hof war es fünf Uhr und hell. Dort gab es Frühstück, und dort nahm ein Schnellzug mich auf, der mich und das Meine mit dreistündiger Verspätung nach Dresden brachte.

Ja, das war das Eisenbahnunglück, das ich erlebte. Einmal mußte es ja wohl sein. Und obgleich die Logiker Einwände machen, glaube ich nun doch gute Chancen zu haben, daß mir sobald nicht wieder dergleichen begegnet.

Am Ziel

Herbert Eisenreich

Das also war der Abend zuvor, der Abend vor der Nacht zu dem Tag, der ihm den Triumph bringen sollte. Nun war es soweit, kein Zweifel! Seit Tagen schon hatte sich Doktor Stiasny, ohne daß Gründe zu erfahren gewesen wären, in den Büros der Firma nicht mehr blicken lassen, und an diesem Nachmittag hatte ein Schreiben der Direktion ihn, den „S. g. Herrn Hans Leisiger, Oberinspektor der Vereinigten Zuckerfabriken A. G.", für den nächsten Vormittag um halb neun in den kleinen Konferenzsaal gebeten: man habe ihm eine für ihn höchst bedeutsame Eröffnung zu machen.

Ja, dachte Leisiger, in den kleinen Konferenzsaal. Holzgetäfelt, dunkler Parkettboden ohne Teppich, ein Eichentisch und acht geschnitzte Armsessel, ein bauchiger Kachelofen in der Ecke, ein Gemälde der größten, der Inglhofer Fabrik, zwischen zwei Hirschgeweihen an der Längsseite gegenüber den beiden Fenstern mit den handgewebten Vorhängen; und unsichtbar in dem Raume sich wölbend der Rauch von Zigarren, vermischt mit Gerüchen, die seltsamerweise an erdige Schuhe und an schweißfeuchtes Pferdeleder denken ließen. Dahin hatte man ihn auch geladen, als er Inspektor in der Inglhofer Fabrik wurde, und wenig später wiederum, als er aufrückte in den Rang eines Oberinspektors und hierher zurückversetzt wurde in die Zentrale.

Und so lud man ihn auch diesmal in den kleinen Konferenzsaal — und er wußte warum. Seit er vor nunmehr zehn Jahren in die Firma gekommen war, hatte er nie sein hochgestecktes Ziel aus dem wie anvisierend halb zugekniffenen Auge gelassen, das Ziel, Prokurist und damit Geschäftsführer zu werden — oder, mit der Deutlichkeit gesagt, die jetzt, am Vorabend seines Triumphes, endlich wohl verstattet sein mußte: den Platz einzunehmen, den der Doktor Stiasny innehatte. Und nun war es soweit, nur noch dieser Abend und diese eine Nacht trennten ihn von der festgesetzten Stunde des Tages, die ihn triumphieren sehen sollte, triumphieren nicht mehr bloß über diesen armseligen, über diesen blaß-zerbrechlichen, teetassenhäutigen Doktor Stiasny, sondern viel mehr über die Mühsal seines bisherigen Lebens vom zweiundvierzigsten bis zum eben vollendeten zweiundfünfzigsten Lebensjahr. Denn seit er eingetreten war in die Firma, hatte er hingearbeitet auf diesen Tag des Triumphes, nicht nur seine vorgeschriebenen acht Stunden täglich und die Überstunden während der Rübenkampagne dazu, o nein! Sondern dreimal acht Stunden eines jeden Tages zehn Jahre lang hatte er dafür gelebt: dafür nicht nur gearbeitet, sondern auch dafür geschlafen, gegessen, sich rasiert, sich (wenn auch immer nur flüchtig) mit Frauen eingelassen, gelesen, Besuche gemacht und empfangen, geraucht, sich geschneuzt, Medizinen geschluckt, Luft eingeatmet und ausgeatmet ... gelebt nur für diesen einen Tag, für dieses eine Ziel; mit eiskalter Sachlichkeit, von sich selber kontrolliert bis in die Reflexe der Augenlider und bis in die Träume hinab. So hatte er darauf zugelebt, worüber er allmählich die angestrebten Vorteile, als da sind die finanzielle Besserstellung, das erhöhte Ansehen, die vermehrte Macht vergessen hatte. (Genau wie jener Obmann der Rübenbauern in Neustadt, der damals, als durch den großen Streik in der Eisenindustrie auch die Bahn aus den Gleisen kam und die Waggons nicht mehr pünktlich bereitstellen konnte, der damals also partout die von den Bauern der Gemeinde herangefahrenen Rüben einmieten wollte, was ihm, da dies auf seinem Grund und Boden hätte geschehen müssen, eine kleine Summe Geldes eingebracht hätte, und der, um es gegen Leisiger durchzusetzen, was ihm endlich dann aber doch nicht gelang, die doppelte Summe in Gesprächen mit der Direktion vertelephonierte, bis dann doch die Waggons noch kamen und in pausenloser Tag- und Nachtarbeit beladen wurden. Aber daran und wie bis zur Siedehitze jener Bauer ihn damals geärgert hatte, daran dachte Leisiger schon längst nicht mehr.)

Er dachte nur an den Triumph seiner Diplomatie. Seit er in der Firma war, hatte er mit allem, was er tat, gar nichts anderes getan, als den Ruf, das Ansehen, die Position des Doktor Stiasny — seines Vorgängers, dachte er fiebrig-trunken — unterhöhlt, untergraben, unterminiert und mit welch lautlosen Spatenstichen, mit welch diffiziler Wühlarbeit, mit welcher Spannung zwischen äußerer Nonchalance und innerer Vibration: gleichwie ein lebenslänglich Gefangener just unter den Ohren seiner hellhörigen Bewacher sich mit den bloßen Fingernägeln einen Gang in die Freiheit kratzt. Auf vielfach verschlungenen Umwegen, geschleust durch alle Kanäle von Sympathien und Antipathien innerhalb der Belegschaft, hatte er die Direktion in Kenntnis gesetzt von jedem Mißgeschick, von jeder Nachlässigkeit, von jeder auch nur mikroskopisch kleinen Abweichung, von jeder wirklichen oder scheinbaren Verfehlung des Doktor Stiasny; hatte zahllose Mittelsmänner, von den Boten bis zum Oberbuchhalter, für den Transport dieser Nachrichten und Gerüchte eingespannt, so unmerklich, daß keiner sich als sein Werkzeug fühlen konnte. Und hatte andererseits in den Sitzungen ausdrücklich für Stiasny plädiert: natürlich nicht etwa, indem er offenbare Verfehlungen oder Unregelmäßigkeiten Stiasnys bestritt, sondern so, daß er sie entweder bagatellisierte oder daß er im Charakter des Prokuristen oder in der jeweiligen geschäftlichen Situation entschuldigende Gründe suchte, immer aber so fadenscheinig argumentierend, daß die Entkräftigung des Arguments gar nicht ausbleiben konnte.

Und nun war es soweit, nun stand er am Ziel. Mit zitternden Fingern die erloschene Zigarette aus den Mundwinkeln klaubend, wandte er sich von dem Fenster, aus dem er in die föhnig-vielfärbige Abenddämmerung gestarrt hatte, zurück in das dunkelnde Zimmer. Nun, dachte er, würde es auch notwendig werden, eine größere Wohnung zu mieten; hier, in Untermiete wohnte er viel zu provisorisch, gleichsam seit Jahren nur auf Abruf. Und nun war es soweit. Dieser eine Abend und die Nacht nur noch trennten ihn nach zehn randvoll mit Energie erfüllten Jahren von dem Moment des Triumphes.

Und da spürte er plötzlich die Stille und die Leere dieses Abends, in den er aus der Höhe seiner Anspannung unvorbereitet hineingestürzt war, eine Stille und Leere, die auch schon den morgigen Tag mit dem großen Ereignis, wie um es ihm vorzuenthalten, in sich aufsaugte, nichts ihm belassend als die Last all der Jahre, die er auf den morgigen Tag zugelebt hatte, spürte plötzlich, indes die kurze Spanne Zeit bis zum nächsten Vormittag ihm ins Endlose zu entgleiten schien, die summierte Last dieser Jahre überschwer auf seinen Schultern, spürte sie einsinken in die Brust und Jahresringe der Angst um sein Herz legen, spürte sie sein inneres Wesen zerdrücken, zerquetschen, zermalmen, es beseitigen, indes sein mächtiger Leib noch aufrecht stand, aber schon mit einem ungekannten Gefühl der Haltlosigkeit darin. Grad als stünde, wo eben er selber noch gestanden, nur seine Haut noch da, zwar noch der Gewohnheit gehorchend, aber alsbald zusammensackend und liegenbleibend als ein erbärmliches Häuflein, so wie man sich vorstellt, daß die Kleider eines Ertrunkenen noch tagelang an dem Strande liegenbleiben, von dem aus er sich zu weit, als daß eine Rückkehr noch möglich gewesen wäre, aufs offene Meer hinausgewagt hat.

Und so, so fand ihn am nächsten Morgen seine Haushälterin liegen, ein kleines Häuflein wie die Kleider eines Ertrunkenen am Strand. Um etwa die gleiche Zeit geschah das, als die Herren in dem kleinen Konferenzsaal bereits an die zehn Minuten gewartet hatten: der Minister a. D., Dr. h. c., klein, ausgetrocknet, zigarrerauchend, Bauernbündler und jetzt Generaldirektor, und der kommerzielle Direktor, Statur eines Fußballspielers, Nichtraucher, Gesicht wie eine Uhr, und der technische Direktor, ein breithüftiger, wie vom dauernden Sitzen geformter Mann, Zigarrenraucher auch er. Und als sie haargenau zehn Minuten gewartet hatten, sagte der kommerzielle Direktor: „Scheint, er hat den Braten gerochen." Der technische Direktor wälzte seine Zigarre zwischen den Lippen. Er mochte den kommerziellen Direktor nicht leiden, weil der immer auch in den Fabriken herumschnüffelte, und er dachte, daß Leisiger eben doch ein Dummkopf war, wenn er glaubte, der erste und einzige zu sein, der auf solche Weise sich emporzuschrauben gedachte. Er hätte wissen müssen, daß diese Methode bekannt ist und daß man sich durch nichts so verdächtig macht wie durch ein Verhalten, das sich zusammensetzt aus Objektivität und Kollegialität. Doch weil ihm ein passendes Wort dafür nicht einfiel, dachte er mit einer plötzlichen Wendung, als ließe sein Denken sich schalten wie eine seiner Maschinen, an andere Dinge. „Der Stiasny ist doch", ließ sich nun der Minister a. D. hinter einer Rauchwolke vernehmen, „der Stiasny ist doch wirklich ein zuverlässiger Mann?" Die beiden Direktoren nickten.

„Ein Starrkopf", sagte dann der kommerzielle Direktor, „und immer gleich mit einer vertrackten Theorie bei der Hand, die er in der schlaflosen Nacht vorher erfunden hat. Aber wenn man ihm — in aller Freundschaft, versteht sich — das Messer an die Brust setzt, dann ist er tüchtig für zwei."

Hinter seinem Rauchschleier nickte der Minister a. D., murmelte dann etwas von einer Gehaltserhöhung für Stiasny, und der technische Direktor dachte, daß sich durch das Fernbleiben Leisigers alles auf die bequemste Weise geregelt habe. Und dann diskutierten sie, was an diesem Tage sonst noch zur Debatte stand.

Ein Freund der Regierung

Siegfried Lenz

Zu einem Wochenende luden sie Journalisten ein, um ihnen an Ort und Stelle zu zeigen, wie viele Freunde die Regierung hatte. Sie wollten uns beweisen, daß alles, was über das unruhige Gebiet geschrieben wurde, nicht zutraf: die Folterungen nicht, die Armut und vor allem nicht das wütende Verlangen nach Unabhängigkeit. So luden sie uns sehr höflich ein, und ein sehr höflicher, tadellos gekleideter Beamter empfing uns hinter der Oper und führte uns zum Regierungsbus. Es war ein neuer Bus; ein Geruch von Lack und Leder umfing uns, leise Radiomusik, und als der Bus anfuhr, nahm der Beamte ein Mikrofon aus der Halterung, kratzte mit dem Fingernagel über den silbernen Verkleidungsdraht und hieß uns noch einmal mit sanfter Stimme willkommen. Bescheiden nannte er seinen Namen — „ich heiße Garek", sagte er —; dann wies er uns auf die Schönheiten der Hauptstadt hin, nannte Namen und Anzahl der Parks, erklärte uns die Bauweise der Mustersiedlung, die auf einem kalkigen Hügel lag, blendend unter dem frühen Licht.

Hinter der Hauptstadt gabelte sich die Straße: wir verloren die Nähe des Meers und fuhren ins Land hinein, vorbei an steinübersäten Feldern, an braunen Hängen; wir fuhren zu einer Schlucht und auf dem Grunde der Schlucht bis zur Brücke, die über ein ausgetrocknetes Flußbett führte. Auf der Brücke stand ein junger Soldat, der mit einer Art lässiger Zärtlichkeit eine handliche Maschinenpistole trug und uns fröhlich zuwinkte, als wir an ihm vorbei über die Brücke fuhren. Auch im ausgetrockneten Flußbett, zwischen den weißgewaschenen Kieseln, standen zwei junge Soldaten, und Garek sagte, daß wir durch ein sehr beliebtes Übungsgebiet führen.

Serpentinen hinauf, über eine heiße Ebene, und durch die geöffneten Seitenfenster drang feiner Kalkstaub ein, brannte in den Augen; Kalkgeschmack lag auf den Lippen. Wir zogen die Jacketts aus. Nur Garek behielt sein Jackett an; er hielt immer noch das Mikrofon in der Hand und erläuterte mit sanfter Stimme die Kultivierungspläne, die sie in der Regierung für dieses tote Land ausgearbeitet hatten. Ich sah, daß mein Nebenmann die Augen geschlossen, den Kopf zurückgelegt hatte; seine Lippen waren trocken und kalkblaß, die Adern der Hände, die auf dem vernickelten Metallgriff lagen, traten bläulich hervor. Ich wollte ihn in die Seite stoßen, denn mitunter traf uns ein Blick aus dem Rückspiegel, Gareks melancholischer Blick, doch während ich es noch überlegte, stand Garek auf, kam lächelnd über den schmalen Gang nach hinten und verteilte Strohhalme und eiskalte Getränke in gewachsten Papptüten.

Gegen Mittag fuhren wir durch ein Dorf; die Fenster waren mit Kistenholz vernagelt, die schäbigen Zäune aus trockenem Astwerk löcherig, vom Wind der Ebene auseinandergedrückt. Auf den flachen Dächern hing keine Wäsche zum Trocknen. Der Brunnen war abgedeckt; kein Hundegebell verfolgte uns, und nirgendwo erschien ein Gesicht. Der Bus fuhr mit unverminderter Geschwindigkeit vorbei, eine graue Fahne von Kalkstaub hinter sich herziehend, grau wie eine Fahne der Resignation.

Wieder kam Garek über den schmalen Gang nach hinten, verteilte Sandwiches, ermunterte uns höflich und versprach, daß es nicht mehr allzulange dauern würde, bis wir unser Ziel erreicht hätten. Das Land wurde hügelig, rostrot; es war jetzt von großen Steinen bedeckt, zwischen denen kleine farblose Büsche wuchsen. Die Straße senkte sich, wir fuhren durch einen tunnelartigen Einschnitt. Die Halbrundungen der Sprenglöcher warfen schräge Schatten auf die zerrissenen Felswände. Eine harte Glut schlug in das Innere des Busses. Und dann öffnete sich die Straße, und wir sahen das von einem Fluß zerschnittene Tal und das Dorf neben dem Fluß.

Garek gab uns ein Zeichen, Ankündigung und Aufforderung; wir zogen die Jacketts an, und der Bus fuhr langsamer und hielt auf einem lehmig verkrusteten Platz vor einer sauber gekalkten Hütte. Der Kalk blendete so stark, daß beim Aussteigen die Augen schmerzten. Wir traten in den Schatten des Busses, wir schnippten die Zigaretten fort. Wir blickten aus zusammengekniffenen Augen auf die Hütte und warteten auf Garek, der in ihr verschwunden war.

Es dauerte einige Minuten, bis er zurückkam, aber er kam zurück, und er brachte einen Mann mit, den keiner von uns je zuvor gesehen hatte.

„Das ist Bela Bonzo", sagte Garek und wies auf den Mann. „Herr Bonzo war gerade bei einer Hausarbeit, doch er ist bereit, Ihnen auf alle Fragen zu antworten."

Wir blickten freimütig auf Bonzo, der unsere Blicke ertrug, indem er sein Gesicht leicht senkte. Er hatte ein altes Gesicht, staubgrau; scharfe, schwärzliche Falten liefen über seinen Nacken; seine Oberlippe war geschwollen. Bonzo, der gerade bei der Hausarbeit überrascht worden war, war sauber gekämmt, und die verkrusteten Blutspuren an seinem alten, mageren Hals zeugten von einer heftigen und sorgfältigen Rasur. Er trug ein frisches Baumwollhemd, Baumwollhosen, die zu kurz waren und kaum bis zu den Knöcheln reichten; seine Füße steckten in neuen, gelblichen Rohlederstiefeln, wie Rekruten sie bei der Ausbildung tragen.

Wir begrüßten Bela Bonzo, jeder von uns gab ihm die Hand, dann nickte er und führte uns in sein Haus. Er lud uns ein voranzugehen, wir traten in eine kühle Diele, in der uns eine alte Frau erwartete; ihr Gesicht war nicht zu erkennen, nur ihr Kopftuch leuchtete in dem dämmrigen Licht. Die Alte bot uns faustgroße, fremde Früchte an, die Früchte hatten ein saftiges Fleisch, das rötlich schimmerte, so daß ich am Anfang das Gefühl hatte, in eine frische Wunde zu beißen.

Wir gingen wieder auf den lehmigen Platz hinaus. Neben dem Bus standen jetzt barfüßige Kinder; sie beobachteten Bonzo mit unerträglicher Aufmerksamkeit, und dabei rührten sie sich nicht und sprachen nicht miteinander. Nie trafen ihre Blicke einen von uns. Bonzo schmunzelte in rätselhafter Zufriedenheit.

„Haben Sie keine Kinder?" fragte Pottgießer.

Es war die erste Frage, und Bonzo sagte schmunzelnd:

„Doch, doch, ich hatte einen Sohn. Wir versuchen gerade, ihn zu vergessen. Er hat sich gegen die Regierung aufgelehnt. Er war faul, hat nie etwas getaugt, und um etwas zu werden, ging er zu den Saboteuren, die überall für Unruhe sorgen. Sie kämpfen gegen die Regierung, weil sie glauben, es besser machen zu können." Bonzo sagte es entschieden, mit leiser Eindringlichkeit; während er sprach, sah ich, daß ihm die Schneidezähne fehlten.

„Vielleicht würden sie es besser machen", sagte Pottgießer. Garek lächelte vergnügt, als er diese Frage hörte, und Bonzo sagte:

„Alle Regierungen gleichen sich darin, daß man sie ertragen muß, die einen leichter, die andern schwerer. Diese Regierung kennen wir, von der anderen kennen wir nur die Versprechungen."

Die Kinder tauschten einen langen Blick.

„Immerhin ist das größte Versprechen die Unabhängigkeit", sagte Bleiguth.

„Die Unabhängigkeit kann man nicht essen", sagte Bonzo schmunzelnd. „Was nützt uns die Unabhängigkeit, wenn das Land verarmt. Diese Regierung aber hat unsern Export gesichert. Sie hat dafür gesorgt, daß Straßen, Krankenhäuser und Schulen gebaut wurden. Sie hat das Land kultiviert und wird es noch mehr kultivieren. Außerdem hat sie uns das Wahlrecht gegeben."

Eine Bewegung ging durch die Kinder, sie faßten sich bei den Händen und traten unwillkürlich einen Schritt vor. Bonzo senkte das Gesicht, schmunzelte in seiner rätselhaften Zufriedenheit, und als er das Gesicht wieder hob, suchte er mit seinem Blick Garek, der bescheiden hinter uns stand.

„Schließlich", sagte Bonzo, ohne gefragt worden zu sein, „gehört zur Unabhängigkeit auch eine gewisse Reife. Wahrscheinlich könnten wir gar nichts anfangen mit der Unabhängigkeit. Auch für Völker gibt es ein Alter, in dem sie mündig werden: wir haben dieses Alter noch nicht erreicht. Und ich bin ein Freund dieser Regierung, weil sie uns in unserer Unmündigkeit nicht im Stich läßt. Ich bin ihr dankbar dafür, wenn Sie es genau wissen wollen."

Garek entfernte sich zum Bus, Bonzo beobachtete ihn aufmerksam, wartete, bis die schwere Bustür zufiel und wir allein dastanden auf dem trockenen, lehmigen Platz. Wir waren unter uns, und Finke vom Rundfunk wandte sich mit einer schnellen Frage an Bonzo: „Wie ist es wirklich? Rasch, wir sind allein." Bonzo schluckte, sah Finke mit einem Ausdruck von Verwunderung und Befremden an und sagte langsam: „Ich habe Ihre Frage nicht verstanden."

„Jetzt können wir offen sprechen", sagte Finke hastig.

„Offen sprechen", wiederholte Bonzo bedächtig und schmunzelte breit, so daß seine Zahnlücken sichtbar wurden.

„Was ich gesagt habe, ist offen genug: Wir sind Freunde dieser Regierung, meine Frau und ich; denn alles, was wir sind und erreicht haben, haben wir mit ihrer Hilfe erreicht. Dafür sind wir ihr dankbar. Sie wissen, wie selten es vorkommt, daß man einer Regierung für irgendwas dankbar sein kann — wir sind dankbar, ebenso wie die Kinder dort und jedes Wesen im Dorf. Klopfen Sie an jede Tür, Sie werden überall erfahren, wie dankbar wir der Regierung sind."

Plötzlich trat Gum, ein junger, blasser Journalist, auf Bonzo zu und flüsterte: „Ich habe zuverlässige Nachricht, daß Ihr Sohn gefangen und in einem Gefängnis der Hauptstadt gefoltert wurde. Was sagen Sie dazu?"

Bonzo schloß die Augen, Kalkstaub lag auf seinen Lidern; schmunzelnd antwortete er: „Ich habe keinen Sohn, und darum kann er nicht gefoltert worden sein. Wir sind Freunde der Regierung, hören Sie? Ich bin ein Freund der Regierung."

Er zündete sich eine selbstgedrehte, krumme Zigarette an, inhalierte heftig und sah zur Bustür hinüber, die jetzt geöffnet wurde. Garek kam zurück und erkundigte sich nach dem Stand des Gesprächs. Bonzo wippte, indem er die Füße von den Hacken über die Zehenballen abrollen ließ. Er sah aufrichtig erleichtert aus, als Garek wieder zu uns trat, und er beantwortete unsere weiteren Fragen scherzhaft und ausführlich, wobei er die Luft mitunter zischend durch die vorderen Zahnlücken entweichen ließ.

Als ein Mann mit einer Sense vorüberging, rief Bonzo ihn an; der Mann kam mit schleppendem Schritt heran, nahm die Sense von der Schulter und hörte aus Bonzos Mund die Fragen, die wir zunächst ihm gestellt hatten. Der Mann schüttelte unwillig den Kopf: er war ein leidenschaftlicher Freund der Regierung, und jedes seiner Bekenntnisse quittierte Bonzo mit stillem Triumph. Schließlich reichten sich die Männer in unserer Gegenwart die Hand, wie um ihre gemeinsame Verbundenheit mit der Regierung zu besiegeln.

Auch wir verabschiedeten uns, jeder von uns gab Bonzo die Hand — ich zuletzt; doch als ich seine rauhe, aufgesprungene Hand nahm, spürte ich eine Papierkugel zwischen unseren Handflächen. Ich zog sie langsam, mit gekrümmten Fingern ab, ging zurück und schob die Papierkugel in die Tasche. Bela Bonzo stand da und rauchte in schnellen, kurzen Stößen; er rief seine Frau heraus, und sie, Bonzo und der Mann mit der Sense beobachteten den abfahrenden Bus, während die Kinder einen mit Steinen und jenen farblosen kleinen Büschen bedeckten Hügel hinaufstiegen.

Wir fuhren nicht denselben Weg zurück, sondern überquerten die heiße Ebene, bis wir auf einen Eisenbahndamm stießen, neben dem ein Weg aus Sand und Schotter lief. Während dieser Fahrt hielt ich eine Hand in der Tasche, und in der Hand die kleine Papierkugel, die einen so harten Kern hatte, daß die Fingernägel nicht hineinschneiden konnten, sosehr ich auch drückte. Ich wagte nicht, die Papierkugel herauszunehmen, denn von Zeit zu Zeit erreichte uns Gareks melancholischer Blick aus dem Rückspiegel. Ein schreckhafter Schatten flitzte über uns hinweg und über das tote Land; dann erst hörten wir das Propellergeräusch und sahen das Flugzeug, das niedrig über den Eisenbahndamm flog in Richtung zur Hauptstadt, kehrtmachte am Horizont, wieder über uns hinwegbrauste und uns nicht mehr allein ließ.

Ich dachte an Bela Bonzo, hielt die Papierkugel mit dem harten Kern in der Hand, und ich fühlte, wie die Innenfläche meiner Hand feucht wurde. Ein Gegenstand erschien am Ende des Bahndamms und kam näher, und jetzt erkannten wir, daß es ein Schienenauto war, auf dem junge Soldaten saßen. Sie winkten freundlich mit ihren Maschinenpistolen zu uns herüber. Vorsichtig zog ich die Papierkugel heraus, sah sie jedoch nicht an, sondern schob sie schnell in die kleine Uhrtasche, die einzige Tasche, die ich zuknöpfen konnte. Und wieder dachte ich an Bela Bonzo, den Freund der Regierung: noch einmal sah ich seine gelblichen Rohlederstiefel, die träumerische Zufriedenheit seines Gesichts und die schwarzen Zahnlücken, wenn er zu sprechen begann. Niemand von uns zweifelte daran, daß wir in ihm einen aufrichtigen Freund der Regierung getroffen hatten.

Am Meer entlang fuhren wir in die Hauptstadt zurück, der Wind brachte das ziehende Kußgeräusch des Wassers herüber, das gegen die unterspülten Felsen schlug. An der Oper stiegen wir aus, höflich verabschiedet von Garek. Allein ging ich ins Hotel zurück, fuhr mit dem Lift in mein Zimmer hinauf, und auf der Toilette öffnete ich die Papierkugel, die der Freund der Regierung mir heimlich anvertraut hatte: sie war unbeschrieben, kein Zeichen, kein Wort, doch eingewickelt lag im Papier ein von bräunlichen Nikotinspuren bezogener Schneidezahn. Es war ein menschlicher, angesplitterter Zahn, und ich wußte, wem er gehört hatte.

Das unbekannte Ziel

Hermann Kasack

Die stählerne Rakete war von der Bodenmannschaft abgefeuert worden und sogleich den Blicken entschwunden. Nur matte Tupfen schwärzlichen Rauchs, die sich im Blau des Himmels abzeichneten, deuteten die Richtung der steilen Kurve an, in der die Bahn verlief. Die Granate durchschnitt die

Luft einem unbekannten Ziel entgegen. Sie sollte ungemessene Fernen überwinden und an irgendeinem Ort des Erdballs einschlagen. Vielleicht galt das leere Nichts als Ziel, ein Steppengelände oder eine Insel im Meer; vielleicht war eine große Stadt gemeint, deren Menschen in diesem Augenblick noch nichts von dem mit unheimlicher Kraft dahinsausenden Meteor ahnten.

Wie ein Silberfisch anzusehen, flog ich durch die Regionen des Äthers, schon in einer höheren Sphäre als der, in welcher Wolken die Hülle der Erde bilden. In einer Tiefe, die nicht auszuloten war, rauschten unter mir die Gefilde des Raums. Das Stahlgehäuse, das mich umschloß, trug mich in gefrorenen Sekunden durch die Zeit. Vielmehr — die Zeit begann stillzustehen und hinter mir wie ein Luftkanal zurückzubleiben, während ich zum Augenblick der Zukunft wurde, der sich zur Gegenwart entfalten müßte, sobald das Geschoß auf Erden niederging. Ich blieb Gefangener des Fluges, Gefangener des sausenden Geschehens. War meine Existenz der Wurf Gottes, so würde der Aufprall, dem ich unaufhaltsam wie dem Tode entgegenflog, das Opfer meines Lebens bedeuten, ein Selbstgericht im läuternden Feuer, von dem die Weisen und Dichter seit altersher wissen. Galt ich aber den Dämonen als Gefäß, dann müßte mit der Explosion das Unheil aus der Büchse der Pandora, wie es die neuen Giftingenieure zusammenbrauen, vernichtend sich über alle Welt ergießen. Der Ausgang schien ungewiß; aber das Wagnis, das eigene Ich in ein überpersönliches Selbst zu verwandeln, bestätigte das Dasein.

Noch teilte sich mir der gläserne Zustand eines immerwährenden Steigens mit. Bald aber spürte ich, wie meine Fahrt den Zenit des Fluges überschritt. Statt in die Sonnen des Universums und ihre Sternwelten zu tauchen, bog sich der stählerne Leib der persongewordenen Rakete im schrägen Winkel raumwärts nach unten, ins Irdische. Ich fühlte den Fall in den Horizont. Schon ahnte ich die flächige Haut des Erdleibs, schon unterschied ich Umrisse von Land und Meer. Schwache Wülste markierten sich, wuchsen dem Auge allmählich zu Gebirgsketten empor. Im gleißenden Licht wurde Gletscherschnee erkennbar, die unberührte Einsamkeit der Erde. Weiter und, wie ich spürte, immer stärker sinkend, sah ich die prallen Adern der Flüsse hervortreten, das blaue Gerinnsel der Seen. Schon teilten durch Spinnweblinien der Verkehrsstraßen die Flächen sich auf: Kleckse von dunklem Wald, von hellen Wiesen, von buntem Ackerland, verstreute Stadtklumpen.

Ich hatte das Gefühl, als ob sich das Gefälle linderte und in ein verhaltenes Schweben überging. Ich nahm Einzelheiten der sorgsam gehegten Bezirke wahr, in denen sich irdisches Schaffen zeigt; ich glaubte, Siedlungen, Rebhügel, bestellte Felder, Obstgärten zu erkennen. Denn immer müht sich der Mensch um ein wirksames Dasein. Sein Platz ist die geordnete Natur. Auch die Wohngebiete gliederten sich dem Blick durch Straßenzüge in deutliche Häuserblocks auf, Brücken und Türme zeichneten sich in der Landschaft ab, kriechende Schatten von Schienenzügen, die ich schnell überholte, glitten unter mir hin.

Ich wußte nicht, über welchem Land ich mich befand, nicht einmal den Erdteil hätte ich anzugeben vermocht; ich wußte nur, daß es ein Stück besiedelter Welt war, in das ich mit unaufhaltsamer Gewalt niedergelenkt wurde. Sekundennah lag vor mir die Silhouette einer großen Stadt. Im schürfenden Sturzflug sah ich das Hunderttausendwesen Mensch mit abwehrenden Armen in die Richtung des Himmels starren, aus der mein Silberfisch näherkam, und plötzlich erkannte ich in dem Wohngefüge meinen eigenen Heimatort. In eins verschmolzen waren Schütze und Geschoß, Wurf und Ziel, Bote und Botschaft. Meiner kaum noch mächtig, sah ich unmittelbar hinter der großen Stadt jene Anhöhe, von der ich weggeschleudert worden war. Wie denn: hatte ich den Erdball umkreist? War ich auf dem höchsten Punkt der Lebensfahrt in der Stratosphäre nach Gesetzen, die den geleugneten Wesen der Engel eigentümlich sind, unmerklich umgelenkt worden und kehrte wie ein Bumerang an den Ausgangspunkt zurück?

Bevor ich landend aufschlug, bemerkte ich nicht unweit am Feldrand noch die Bodenmannschaft, die sich auf dem Heimweg befand. So konnte nicht viel Zeit seit dem Aufstieg vergangen sein. Die Leute wandten sich jäh um und warfen sich zu Boden. Im gleichen Pulsschlag berührte ich die Erde, die trichterförmig auseinanderbarst. Aus mir oder statt meiner — wer wollte das entscheiden — entfaltete sich eine ungeheure Lichtsäule.

Aus dem Pilzschirm des Rauches steigt ein Phönix steil in die Höhe und fliegt in den kristallinischen Weltraum, der die Erde umgibt. Er schießt dahin wie ein Pfeil, von dem niemand sagen kann, ob ihn die Bogensehne eines Gottes oder eines Dämons entlassen hat. Er durchschneidet die Luft einem unbekannten Ziel entgegen, unbeirrbar und unermüdlich, ohne Illusion, aber im Glauben an die Aufgabe, und die Aufgabe ist der Flug. Einmal, das wird der Auftrag sein, trifft der schwirrende Pfeil mitten in das Herz des Menschen.

An diesem Dienstag

Wolfgang Borchert

Die Woche hat einen Dienstag.
Das Jahr ein halbes Hundert.
Der Krieg hat viele Dienstage.

An diesem Dienstag
   übten sie in der Schule die großen Buchstaben. Die Lehrerin hatte eine
Brille mit dicken Gläsern. Die hatten keinen Rand. Sie waren so dick, daß
die Augen ganz leise aussahen.
   Zweiundvierzig Mädchen saßen vor der schwarzen Tafel und schrieben
mit großen Buchstaben:
   DER ALTE FRITZ HATTE EINEN TRINKBECHER AUS BLECH.
DIE DICKE BERTA SCHOSS BIS PARIS. IM KRIEGE SIND ALLE
VÄTER SOLDAT.
   Ulla kam mit der Zungenspitze bis an die Nase. Da stieß die Lehrerin
sie an. „Du hast Krieg mit ch geschrieben, Ulla. Krieg wird mit g geschrie-
ben. G wie Grube. Wie oft habe ich das schon gesagt!" Die Lehrerin nahm
ein Buch und machte einen Haken hinter Ullas Namen. „Zu morgen
schreibst du den Satz zehnmal ab schön sauber, verstehst du?" „Ja", sagte
Ulla und dachte: Die mit ihrer Brille.
   Auf dem Schulhof fraßen die Nebelkrähen das weggeworfene Brot.

An diesem Dienstag
   wurde Leutnant Ehlers zum Bataillonskommandeur befohlen.
   „Sie müssen den roten Schal abnehmen, Herr Ehlers!"
   „Herr Major?"
   „Doch, Ehlers. In der Zweiten ist sowas nicht beliebt."
   „Ich komme in die zweite Kompanie?"
   „Ja, und die lieben sowas nicht. Da kommen Sie nicht mit durch. Die
Zweite ist an das Korrekte gewöhnt. Mit dem roten Schal läßt die Kom-
panie Sie glatt stehen. Hauptmann Hesse trug sowas nicht."
   „Ist Hesse verwundet?"
   „Nee, er hat sich krank gemeldet. Fühlte sich nicht gut, sagte er. Seit er
Hauptmann ist, ist er ein bißchen flau geworden, der Hesse. Versteh' ich
nicht. War sonst immer so korrekt. Na ja, Ehlers, sehen Sie zu, daß Sie
mit der Kompanie fertig werden. Hesse hat die Leute gut erzogen. Und
den Schal nehmen Sie ab, klar?"

„Türlich, Herr Major."

„Und passen Sie auf, daß die Leute mit den Zigaretten vorsichtig sind. Da muß ja jedem anständigen Scharfschützen der Zeigefinger jucken, wenn er diese Glühwürmchen herumschwirren sieht. Vorige Woche hatten wir fünf Kopfschüsse. Also passen Sie ein bißchen auf, ja?"

„Jawohl, Herr Major."

Auf dem Wege zur zweiten Kompanie nahm Leutnant Ehlers den roten Schal ab. Er steckte eine Zigarette an. „Kompanieführer Ehlers", sagte er laut.

Da schoß es.

An diesem Dienstag

sagte Herr Hansen zu Fräulein Severin:

„Wir müssen dem Hesse auch mal wieder was schicken, Severinchen. Was zu rauchen, was zu knabbern. Ein bißchen Literatur. Ein Paar Handschuhe oder sowas. Die Jungens haben einen verdammt schlechten Winter draußen. Ich kenne das. Vielen Dank."

„Hölderlin vielleicht, Herr Hansen?"

„Unsinn, Severinchen, Unsinn. Nein, ruhig ein bißchen freundlicher. Wilhelm Busch oder so. Hesse war doch mehr für das Leichte. Lacht doch gern, das wissen Sie doch. Mein Gott, Severinchen, was kann dieser Hesse lachen!"

„Ja, das kann er", sagte Fräulein Severin.

An diesem Dienstag

trugen sie Hauptmann Hesse auf einer Bahre in die Entlausungsanstalt. An der Tür war ein Schild:

OB GENERAL, OB GRENADIER:
DIE HAARE BLEIBEN HIER.

Er wurde geschoren. Der Sanitäter hatte lange, dünne Finger. Wie Spinnenbeine. An den Knöcheln waren sie etwas gerötet. Sie rieben ihn mit etwas ab, das roch nach Apotheke. Dann fühlten die Spinnenbeine nach seinem Puls und schrieben in ein dickes Buch: Temperatur 41,6. Puls 116. Ohne Besinnung. Fleckfieberverdacht. Der Sanitäter machte das dicke Buch zu. Seuchenlazarett Smolensk stand da drauf. Und darunter: Vierzehnhundert Betten.

Die Träger nahmen die Bahre hoch. Auf der Treppe pendelte sein Kopf aus den Decken heraus und immer hin und her bei jeder Stufe. Und kurzgeschoren. Und dabei hatte er immer über die Russen gelacht. Der eine Träger hatte Schnupfen.

An diesem Dienstag
klingelte Frau Hesse bei ihrer Nachbarin. Als die Tür aufging, wedelte sie mit dem Brief. „Er ist Hauptmann geworden. Hauptmann und Kompaniechef, schreibt er. Und sie haben über 40 Grad Kälte. Neun Tage hat der Brief gedauert. An Frau Hauptmann Hesse hat er oben drauf geschrieben."

Sie hielt den Brief hoch. Aber die Nachbarin sah nicht hin. „40 Grad Kälte", sagte sie, „die armen Jungs. 40 Grad Kälte."

An diesem Dienstag
fragte der Oberfeldarzt den Chefarzt des Seuchenlazarettes Smolensk: „Wieviel sind es jeden Tag?"

„Ein halbes Dutzend."

„Scheußlich", sagte der Oberfeldarzt.

„Ja, scheußlich", sagte der Chefarzt.

Dabei sahen sie sich nicht an.

An diesem Dienstag
spielten sie „Die Zauberflöte". Frau Hesse hatte sich die Lippen rot gemacht.

An diesem Dienstag
schrieb Schwester Elisabeth an ihre Eltern: „Ohne Gott hält man das gar nicht durch." Aber als der Unterarzt kam, stand sie auf. Er ging so krumm, als trüge er ganz Rußland durch den Saal.

„Soll ich ihm noch was geben?" fragte die Schwester.

„Nein", sagte der Unterarzt. Er sagte das so leise, als ob er sich schämte.

Dann trugen sie Hauptmann Hesse hinaus. Draußen polterte es. Die bumsen immer so. Warum können sie die Toten nicht langsam hinlegen? Jedesmal lassen sie sie so auf die Erde bumsen. Das sagte einer. Und sein Nachbar sang leise:
„Zicke zacke juppheidi
Schneidig ist die Infanterie."

Der Unterarzt ging von Bett zu Bett. Jeden Tag. Tag und Nacht. Tagelang. Nächte durch. Krumm ging er. Er trug ganz Rußland durch den Saal. Draußen stolperten zwei Krankenträger mit einer leeren Bahre davon. „Nummer 4", sagte der eine. Er hatte Schnupfen.

An diesem Dienstag
saß Ulla abends und malte in ihr Schreibheft mit großen Buchstaben:

IM KRIEG SIND ALLE VÄTER SOLDAT.
IM KRIEG SIND ALLE VÄTER SOLDAT.

Zehnmal schrieb sie das. Mit großen Buchstaben. Und Krieg mit g.
Wie Grube.

Das Obdach

Anna Seghers

An einem Morgen im September 1940, als auf der Place de la Concorde
in Paris die größte Hakenkreuzfahne der deutsch besetzten Länder wehte
und die Schlangen vor den Läden so lang wie die Straßen selbst waren,
erfuhr eine gewisse Luise Meunier, Frau eines Drehers, Mutter von drei
Kindern, daß man in einem Geschäft im XIV. Arrondissement Eier kaufen
könnte.

Sie machte sich rasch auf, stand eine Stunde Schlange, bekam fünf Eier,
für jedes Familienmitglied eins. Dabei war ihr eingefallen, daß hier in derselben Straße eine Schulfreundin lebte, Annette Villard, Hotelangestellte.
Sie traf die Villard auch an, jedoch in einem für diese ruhige, ordentliche
Person befremdlich erregten Zustand.

Die Villard erzählte, Fenster und Waschbecken scheuernd, wobei ihr die
Meunier manchen Handgriff tat, daß gestern mittag die Gestapo einen
Mieter verhaftet habe, der sich im Hotel als Elsässer eingetragen, jedoch,
wie sich inzwischen herausgestellt hatte, aus einem deutschen Konzentra-
tionslager vor einigen Jahren entflohen war. Der Mieter, erzählte die Villard, Scheiben reibend, sei in die Santé gebracht worden, von dort aus
würde er bald nach Deutschland abtransportiert und wahrscheinlich an die
Wand gestellt werden. Doch was ihr weit näher gehe als der Mieter, denn
schließlich Mann sei Mann, Krieg sei Krieg, das sei der Sohn des Mieters.
Der Deutsche habe nämlich ein Kind, einen Knaben von zwölf Jahren, der
habe mit ihm das Zimmer geteilt, sei hier in die Schule gegangen, rede
französisch wie sie selbst, die Mutter sei tot, die Verhältnisse seien un-
durchsichtig wie meistens bei den Fremden. Der Knabe habe, heimkom-
mend von der Schule, die Verhaftung des Vaters stumm, ohne Tränen zur
Kenntnis genommen. Doch von dem Gestapooffizier aufgefordert, sein

Zeug zusammenzupacken, damit er am nächsten Tag abgeholt werden könne und nach Deutschland zurückgebracht zu seinen Verwandten, da habe er plötzlich laut erwidert, er schmisse sich eher unter ein Auto, als daß er in diese Familie zurückkehre. Der Gestapooffizier habe ihm scharf erwidert, es drehe sich nicht darum, zurück oder nicht zurück, sondern zu den Verwandten zurück oder in die Korrektionsanstalt. — Der Knabe habe Vertrauen zu ihr, Annette, er habe sie in der Nacht um Hilfe gebeten, sie habe ihn auch frühmorgens weg in ein kleines Café gebracht, dessen Wirt ihr Freund sei. Da sitze er nun und warte. Sie habe geglaubt, es sei leicht, den Knaben unterzubringen, doch bisher habe sie immer nur nein gehört, die Furcht sei zu groß. Die eigene Wirtin fürchte sich sehr vor den Deutschen und sei erbost über die Flucht des Knaben.

Die Meunier hatte sich alles schweigend angehört; erst als sie fertig war, sagte sie: „Ich möchte gern einmal einen solchen Knaben sehen." Worauf ihr die Villard das Café nannte und noch hinzufügte: „Du fürchtest dich doch nicht etwa, dem Jungen Wäsche zu bringen?"

Der Wirt des Cafés, bei dem sie sich durch einen Zettel der Villard auswies, führte sie in sein morgens geschlossenes Billardzimmer. Da saß der Knabe und sah in den Hof. Der Knabe war so groß wie ihr ältester Sohn, er war auch ähnlich gekleidet, seine Augen waren grau, in seinen Zügen war nichts Besonderes, was ihn als den Sohn eines Fremden stempelte. Die Meunier erklärte, sie brächte ihm Wäsche. Er dankte nicht, er sah ihr nur plötzlich scharf ins Gesicht. Die Meunier war bisher eine Mutter gewesen wie alle Mütter: Schlange stehen, aus nichts etwas, aus etwas viel machen, Heimarbeit zu der Hausarbeit übernehmen, das alles war selbstverständlich. Jetzt, unter dem Blick des Jungen, wuchs mit gewaltigem Maß das Selbstverständliche und mit dem Maß ihre Kraft. Sie sagte: „Sei heute abend um sieben im Café Biard an den Hallen!"

Sie machte sich eilig heim. Um weniges ansehnlich auf den Tisch zu bringen, braucht es lange Küche. Ihr Mann war schon da. Er hatte ein Kriegsjahr in der Maginotlinie gelegen, er war seit drei Wochen demobilisiert, vor einer Woche hatte sein Betrieb wieder aufgemacht, er war auf Halbtagsarbeit gesetzt, er verbrachte den größten Teil der Freizeit in der Wirtschaft, dann kam er wütend über sich selbst heim, weil er von den wenigen Sous noch welche in der Wirtschaft gelassen hatte. Die Frau, zu bewegt, um auf seine Miene zu achten, begann zugleich mit dem Eierschlagen ihren Bericht, der bei dem Mann vorbauen sollte. Doch wie sie auf dem Punkt angelangt war, der fremde Knabe sei aus dem Hotel gelaufen, er suche in Paris Schutz vor den Deutschen, unterbrach er sie folgendermaßen: „Deine Freundin Annette hat wirklich sehr dumm getan,

einen solchen Unsinn zu unterstützen. Ich hätte an ihrer Stelle den Jungen
eingesperrt. Der Deutsche soll selbst sehn, wie er mit seinen Landsleuten
fertig wird. Er hat selbst nicht für sein Kind gesorgt. Der Offizier hat also
auch recht, wenn er das Kind nach Haus schickt. Der Hitler hat nun einmal die Welt besetzt, da nützen keine Phrasen was dagegen." Worauf die
Frau schlau genug war, rasch etwas anderes zu erzählen. In ihrem Herzen
sah sie zum erstenmal klar, was aus dem Mann geworden war, der früher
bei jedem Streik, bei jeder Demonstration mitgemacht hatte und sich am
14. Juli stets so betragen, als wollte er ganz allein die Bastille noch einmal
stürmen. Doch weder in der Natur der Frau noch in ihrem ausgefüllten
Tag war Raum zum Trauern. Der Mann war nun einmal ihr Mann, sie
war nun einmal die Frau, da war nun einmal der fremde Junge, der jetzt
auf sie wartete. Sie lief daher abends in das Café bei den Hallen und sagte
zu dem Kind: „Ich kann dich erst morgen zu mir nehmen." Der Knabe
sah sie wieder scharf an, er sagte: „Sie brauchen mich nicht zu nehmen,
wenn Sie Angst haben." Die Frau erwiderte trocken, es handle sich nur
darum, einen Tag zu warten. Sie bat die Wirtin, das Kind eine Nacht zu
behalten, es sei mit ihr verwandt. An dieser Bitte war nichts Besonderes,
da Paris von Flüchtlingen wimmelte.

Am nächsten Tag erklärte sie ihrem Mann: „Ich habe meine Kusine
Alice getroffen, ihr Mann ist in Pithiviers im Gefangenenlazarett, sie will
ihn ein paar Tage besuchen. Sie hat mich gebeten, ihr Kind solange auf-
zunehmen." Der Mann, der Fremde in seinen vier Wänden nicht leiden
konnte, erwiderte: „Daß ja kein Dauerzustand daraus wird." Sie richtete
also für den Knaben eine Matratze. Sie hatte ihn unterwegs gefragt:
„Warum willst du eigentlich nicht zurück?" Er hatte geantwortet: „Sie
können mich immer noch hierlassen, wenn Sie Angst haben. Zu meinen
Verwandten werde ich doch nicht gehen. Meine Mutter und mein Vater
wurden beide von Hitler verhaftet. Sie schrieben und druckten und ver-
teilten Flugblätter. Meine Mutter starb. Sie sehen, mir fehlt ein Vorder-
zahn. Den hat man mir dort in der Schule ausgeschlagen, weil ich ihr Lied
nicht mitsingen wollte. Auch meine Verwandten waren Nazis. Die quälten
mich am meisten. Die beschimpften Vater und Mutter." Die Frau hatte
ihn nur darauf gebeten zu schweigen, dem Mann gegenüber, den Kindern, den Nachbarn.

Die Kinder konnten den fremden Knaben weder gut noch schlecht
leiden. Er hielt sich abseits und lachte nicht. Der Mann konnte den Knaben sofort nicht leiden; er sagte, der Blick des Knaben mißfalle ihm. Er
schalt seine Frau, die von der eigenen Ration dem Knaben abgab, er
schalt auch die Kusine, es sei eine Zumutung, anderen Kinder auf-

zuladen. Und solche Klagen pflegten bei ihm in Belehrungen überzugehen, der Krieg sei nun einmal verloren, die Deutschen hätten nun einmal das Land besetzt, die hätten aber Disziplin, die verstünden sich auf Ordnung. Als einmal der Junge die Milchkanne umstieß, sprang er los und schlug ihn. Die Frau wollte später den Jungen trösten, der aber sagte: „Noch besser hier als dort."

„Ich möchte", sagte der Mann, „einmal wieder ein richtiges Stück Käse zum Nachtisch haben." Am Abend kam er ganz aufgeregt heim. „Stell dir vor, was ich gesehen habe. Ein riesiges deutsches Lastauto, ganz voll mit Käse. Die kaufen, was sie Lust haben. Die drucken Millionen und geben sie aus."

Nach zwei, drei Wochen begab sich die Meunier zu ihrer Freundin Annette. Die war über den Besuch nicht erfreut, bedeutete ihr, sich in diesem Stadtviertel nicht mehr blicken zu lassen. Die Gestapo hätte geflucht, gedroht. Sie hätte sogar herausbekommen, in welchem Café der Knabe gewartet habe, auch daß ihn dort eine Frau besuchte, daß beide den Ort zu verschiedenen Zeiten verließen. — Auf ihrem Heimweg bedachte die Meunier noch einmal die Gefahr, in die sie sich und die Ihren brachte. Wie lange sie auch erwog, was sie ohne Erwägen in einem raschen Gefühl getan hatte, der Heimweg selbst bestätigte ihren Entschluß: Die Schlangen vor den offenen Geschäften, die Läden vor den geschlossenen, das Hupen der deutschen Autos, die über die Boulevards sausten, und über den Toren die Hakenkreuze. So daß sie bei ihrem Eintritt in ihre Küche dem fremden Knaben in einem zweiten Willkomm übers Haar strich.

Der Mann aber fuhr sie an, sie hätte an diesem Kind einen Narren gefressen. Er selber ließ seine Mürrischkeit, da die eigenen Kinder ihn dauerten — alle Hoffnungen hatten sich plötzlich in eine klägliche Aussicht verwandelt auf eine trübe, unfreie Zukunft —, an dem fremden aus. Da der Knabe zu vorsichtig war und zu schweigsam, um einen Anlaß zu geben, schlug er ihn ohne solchen, indem er behauptete, der Blick des Knaben sei frech. Er selber war um sein letztes Vergnügen gebracht worden. Er hatte noch immer den größten Teil seiner freien Zeit in der Wirtschaft verbracht, was ihn etwas erleichtert hatte. Jetzt war einem Schmied am Ende der Gasse die Schmiede von den Deutschen beschlagnahmt worden.

Die Gasse, bisher recht still und hakenkreuzfrei, fing plötzlich von deutschen Monteuren zu wimmeln an. Es stauten sich deutsche Wagen, die repariert werden sollten, und Nazisoldaten besetzten die Wirtschaft und fühlten sich dort daheim. Der Mann der Meunier konnte den Anblick nicht ertragen. Oft fand ihn die Frau stumm vor dem Küchentisch. Sie fragte ihn einmal, als er fast eine Stunde reglos gesessen hatte, den Kopf auf den Armen, mit offenen Augen, woran er wohl eben gedacht habe. „An nichts und an alles. Und außerdem noch an etwas ganz Abgelegenes. Ich habe soeben, stell dir vor, an diesen Deutschen gedacht, von dem dir deine Freundin Annette erzählt hat, ich weiß nicht, ob du dich noch erinnerst, der Deutsche, der gegen Hitler war, der Deutsche, den die Deutschen verhafteten. Ich möchte wohl wissen, was aus ihm geworden ist. Aus ihm und seinem Sohn." Die Meunier erwiderte: „Ich habe kürzlich die Villard getroffen. Sie haben damals den Deutschen in die Santé gebracht. Er ist inzwischen vielleicht schon erschlagen worden. Das Kind ist verschwunden. Paris ist groß. Es wird sich ein Obdach gefunden haben."

Da niemand gern zwischen Nazisoldaten sein Glas austrank, zog man oft mit ein paar Flaschen in Meuniers Küche, was ihnen früher ungewohnt gewesen wäre und beinah zuwider. Die meisten waren Meuniers Arbeitskollegen aus demselben Betrieb, man sprach freiweg. Der Chef in dem Betrieb hatte sein Büro dem deutschen Kommissar eingeräumt. Der ging und kam nach Belieben. Die deutschen Sachverständigen prüften, wogen, nahmen ab. Man gab sich nicht einmal mehr Mühe, in den Büros der Verwaltung geheimzuhalten, für wen geschuftet wurde. Die Fertigteile aus dem zusammengeraubten Metall wurden nach dem Osten geschickt, um anderen Völkern die Gurgel abzudrehen. Das war das Ende vom Lied, verkürzte Arbeitszeit, verkürzter Arbeitslohn, Zwangstransporte. Die Meunier ließ ihre Läden herunter, man dämpfte die Stimmen. Der fremde Junge senkte die Augen, als fürchte er selbst, sein Blick sei so scharf, daß er sein Herz verraten könne. Er war so bleich, so hager geworden, daß ihn der Meunier mürrisch betrachtete und die Furcht äußerte, er möge von einer Krankheit befallen sein und die eigenen Kinder noch anstecken. Die Meunier hatte an sich selbst einen Brief geschrieben, in dem die Kusine bat, den Knaben noch zu behalten, ihr Mann sei schwerkrank, sie ziehe vor, sich für eine Weile in seiner Nähe einzumieten. — „Die macht sich's bequem mit ihrem Bengel", sagte der Mann. Die Meunier lobte eilig den Jungen, er sei sehr anstellig, er ginge schon jeden Morgen um vier Uhr in die Hallen, zum Beispiel hätte er heute dieses Stück Rindfleisch ohne Karten ergattert.

Dem Meunier und seinen Gästen war es längst nicht mehr zum Lachen, der Meunier lobte jetzt nicht mehr die deutsche Ordnung, mit feiner, gewissenhafter, gründlicher Ordnung war ihm das Leben zerstört worden im Betrieb und daheim, seine kleinen und großen Freuden, sein Wohlstand, seine Ehre, seine Ruhe, seine Nahrung, seine Luft.

Eines Tages fand sich der Meunier allein mit seiner Frau. Nach langem

Schweigen brach es aus ihm heraus, er rief: „Sie haben die Macht, was willst du? Wie stark ist dieser Teufel! Wenn es nur auf der Welt einen gäbe, der stärker wäre als er! Wir aber, wir sind ohnmächtig. Wir machen den Mund auf, und sie schlagen uns tot. Aber der Deutsche, von dem dir einmal deine Annette erzählt hat, du hast ihn vielleicht vergessen, ich nicht. Er hat immerhin was riskiert. Und sein Sohn, alle Achtung! Deine Kusine mag sich selbst aus dem Dreck helfen mit ihrem Bengel. Das macht mich nicht warm. Den Sohn dieses Deutschen, den würde ich aufnehmen, der könnte mich warm machen. Ich würde ihn höher halten als meine eigenen Söhne, ich würde ihn besser füttern. Einen solchen Knaben bei sich zu beherbergen, und diese Banditen gehen aus und ein und ahnen nicht, was ich wage und was ich für einer bin und wen ich versteckt habe. Ich würde mit offenen Armen einen solchen Jungen aufnehmen."

Die Frau drehte sich weg und sagte: „Du hast ihn bereits aufgenommen."

Ich habe diese Geschichte erzählen hören in meinem Hotel im XIV. Arrondissement von jener Annette, die dort ihren Dienst genommen hatte, weil es ihr auf der alten Stelle nicht mehr geheuer war.

Abends im Oderried

Heinz Piontek

Der Verwalter stieg aus dem Kahn und stapfte die Böschung hoch. Das Gras stand hier üppig und feucht, aber in seine Farbe war schon ein Hauch des zu Ende gehenden Sommers gemischt. Das Wasser des Kanals glänzte im Rücken des Verwalters mit schwarzem Blau. Am jenseitigen Ufer ragte verfilzter Laubwald in die schwüle, dunstige Luft.

Der Mann war groß und breit in den Schultern. Er trug einen Anzug aus schwarzem, abgetragenem Manchester, graue Wickelgamaschen, schwere Schuhe. Auf dem Kopf trug er eine verschossene Soldatenmütze.

Wenige Schritte hinter der Uferböschung lag die Fischerhütte, schief und verwittert ins Grün geduckt. Die Tür stand offen, und als der Verwalter hineinging, hockte der Pole Kasimir auf der Strohsackpritsche und schraubte die Verschlußkappe des Trinkwasserkanisters zu. Er blickte zum Verwalter hoch, richtete danach seine Augen aber wieder auf den gestampften Lehm des Hüttenbodens — diese Augen, die stupid und unterwürfig und zugleich mit untergründiger Verschmitztheit blickten.

„Warst du schon bei den Reusen?" fragte der Verwalter.

Der Pole schüttelte schwerfällig den Kopf.

„Du verdammter Hund", sagte der Verwalter. Er sagte es polnisch, und es kam müde aus dem harten Mund. Der Verwalter hatte schmale, schiefergraue Augen, und unter der Mütze hing das Haar blond und ungepflegt hervor. Durch die offene Tür drang das Licht schräg in die graue und braune Dämmernis der Hütte ein. Gerüche von Kienholz, Teerholz und Fischeingeweide nahmen die Wärme des Lichtes an, erhitzt schmeckten sie bitter und eigentümlich schal.

Der alte Fischer richtete sich auf und zog nachlässig die Drillichhose am Gürtel hoch. Sein Oberkörper war alt, nackt und mager. Der Verwalter sah ihm scharf ins Gesicht und verstellte ihm dann die Tür.

„Es war wohl wieder jemand da?"

„Nichts, nichts", sagte der Pole.

„Es wollte wohl wieder jemand über die Grenze?"

„Nicht ein Mensch", sagte der Pole und fluchte unterwürfig. Neben dem Verwalter sah er klein und hinfällig aus. Der Verwalter sagte nichts, ging aber auch nicht von der Tür weg.

„Eine Frau und ein Mann", sagte der Fischer und ließ die Schultern hängen. „Hab' sie weggeschickt, Panje."

„Wann waren sie da?" fragte der Verwalter.

„Halbe Stunde vor jetzt."

Der Verwalter schob die Rechte in die Tasche und holte seinen ledernen Tabaksbeutel hervor. „Stopf dir eine Pfeife!" sagte er. Unbeholfen griff der Fischer zu. Auf seinem stoppelbärtigen Gesicht kerbten sich Erstaunen und tierische Zärtlichkeit leicht in die verbrannte Haut.

„Ich werde bei den Reusen nachschauen", sagte der Verwalter.

Er verließ den Platz an der Schwelle, glitt die Böschung hinunter und stieg in den leicht schlingernden Kahn. Er ruderte den schmalen Kanal entlang, bis er auf einen Seitenarm des Stromes stieß. Das flache Gelände war mit Teichen, Tümpeln und dschungelartigen Sumpfdickichten durchsetzt. Die Hitze des Tages hing noch feucht und dunstig über dem Wasser. Geräuschlos tauchte der Verwalter die Ruder in die verschilfte Flut, nur das Knarren der Dollen und ein zarter, schneidender Wasserlaut verrieten die Fahrt des Kahnes. Der gewundene Graben führte immer tiefer in die Uferwildnis, in das Labyrinth der Flußarme und Moorgewässer, aber der Mann im Kahn kannte seinen Weg; er wußte, wo er die Flüchtenden finden würde, es waren nicht die ersten, die hier über die Grenze wollten. Unter grau verlohenden Weiden stakte er an Land. Er brauchte nicht lange zu suchen. Die junge Frau kauerte neben Rucksäcken und verschnürten

Kartons auf einer winzigen Lichtung. Sie blickte den Mann ohne Haß und Bitterkeit an. Ihr ehemals schönes Gesicht war von ungezählten Mückenstichen angeschwollen, ihr blaues Kleid war verschmutzt und zerrissen. Sie hatte langes haferfarbenes Haar, in dem jetzt Grashalme, kleine Zweige und Spinnenweben hingen.

„Was werdet ihr mit uns machen?" fragte sie erschöpft.

„Aufhängen", sagte der Verwalter. Und dann lächelnd: „Sie haben mit Kasimir gesprochen, das ist dieser alte, dreckige Fischer. Seien Sie ihm nicht böse, ich habe Kasimir verboten, Flüchtlinge überzusetzen. Er ist zu unvorsichtig. Ich hatte schon genug Ärger mit der Grenzmiliz."

Auch die Frau lächelte jetzt. „Mein Gott", sagte sie, „mein Gott, wie bin ich froh!"

„Weil ich ein Deutscher bin?"

„Ach, ich hatte schreckliche Angst vor Ihnen!" sagte die Frau.

Er setzte sich neben sie auf einen umgebrochenen Stamm, der unter dem Gewicht des Mannes leicht federte. Er schob die Mütze aus der Stirn, und die Frau zog aus einem der Rucksäcke eine Zigarettenschachtel hervor und bot dem Verwalter eine Zigarette an und nahm auch eine für sich aus der Schachtel. Sie rauchten schweigend. Der Rauch quirlte grau über ihren Köpfen und verblaßte vor dem Himmel, der sich abendlich zu verfärben begann.

„Warum wollen Sie nach dem Westen?" fragte er.

„Wir sind hier verloren", sagte sie.

„Ich habe ein Fischgut verloren", sagte er. „Mein Vater hatte das Gut und mein Großvater, und ich bin jetzt der Verwalter, weil sie das Gut zu einem Staatsgut gemacht haben."

„Solange man noch warten kann", sagte sie, „kann man standhalten. Aber worauf soll man warten, wenn die Luft immer dünner wird, so daß man kaum noch zu atmen vermag?"

Er sah die junge Frau lange und nachdenklich an.

„Haben Sie es noch nicht bemerkt?" fragte sie.

„Jetzt", sagte er, „jetzt merke ich es."

„Es ist die Luft."

„Ja. Ja, Sie haben recht."

„Ich kann in dieser Luft nicht länger leben", sagte sie. Und plötzlich bat sie ihn: „Bringen Sie uns hinüber!"

„Wo ist Ihr Begleiter?" fragte der Verwalter nach einer Pause.

„Es ist mein Bruder. Er sucht jemanden, der uns übersetzen soll."

Der Mann rauchte hastig seine Zigarette zu Ende. In seinen Zügen zeichnete sich so etwas wie eine sehr hohe Spannung ab, die sein Blut erzeugt hatte. Es war ein Gefühl in seinem Blut, das sich nicht mehr zusammenpressen ließ. Er wußte nicht, was in ihm vorging, aber als er seine Lippen öffnete, hatte er die Empfindung einer großen und wohltuenden Klarheit.

„Wenn Sie hierbleiben wollen", sagte er mühsam, „hätten Sie es gut. Man läßt mich in Ruhe, weil ich der einzige bin, der in dieser Gegend Bescheid weiß, und von der Fischerei etwas verstehe."

„Nein", sagte sie, „ich kann es nicht."

„Sie brauchten nur dazubleiben."

„Nein, hier sind wir alle verloren. Die Luft ist zu dünn. Sie trägt uns nicht mehr."

„Die Luft?"

„Vorhin haben Sie es gespürt."

„Es ist so lange her", sagte er.

Der Vogellärm in den Dickichten wurde leiser, aus dem sanften Gelb des Himmels hob sich scharf ein gehörnter Mond. Die Dämmerung fiel rasch in die Lichtung ein. Sie kam mit einer feinen Bewegung der Luft und mit dem Gequarr der Frösche.

„Was haben Sie getan, früher?" fragte er schließlich.

Und sie: „Klavierstunden gegeben."

„Von Musik verstehe ich nichts", sagte er verzweifelt; denn er fühlte, daß er für immer verbannt war in das lästige Gequarr der Einsamkeit.

„Ach, kommen Sie doch mit, ehe es zu spät ist", sagte sie.

Ihre Worte gingen nicht in sein Gehör ein. Er dachte daran, daß es nicht so schwer war, hier zurückzubleiben. Die Luft wurde dünner, aber es ließ sich leichter denken in der dünnen Luft. Mit diesem Denken würde er ausharren, lange, wie lange?

Es knackte im Gehölz. Schritte kamen näher, patschten ins Wasser und brachen durch Gezweig. — So lange, dachte er, bis ich auch das Denken nicht mehr brauche. Nichts mehr brauche, bis nichts mehr ist.

„Gerd", rief die junge Frau leise.

Der Bruder kam finster näher. Der Verwalter hob flüchtig den Blick, und dann sagte er ohne Stimme zu sich: Collega, du verlierst den Kopf. Und er dachte: Ich werde fischen und warten, und die Zeit wird vorübergehen.

„Es ist einer von den Unsrigen, Gerd", rief die Frau.

Der Bruder musterte den Verwalter eindringlich. „Ich war noch einmal bei dem schwachsinnigen Fischer", sagte er. „Er wird uns übersetzen, sobald es dunkel ist. Wenn ich sein Kauderwelsch richtig verstanden habe, müssen wir uns vor dem Verwalter in acht nehmen. Der Verwalter hat dem Fischer verboten, Leute wie uns hinüberzubringen."

„Kasimir", sagte der Verwalter, „dieser gutmütige Halunke". Er schob
sich langsam von seinem Sitz hoch. „Ich werde ihm die Arbeit abnehmen.
Nach Mitternacht setze ich Sie über." Er sagte es hart, doch nicht wie
einer, der verzichten muß. Er würde in seinem Leben nichts mehr besitzen
und nichts mehr verlieren.

Zweifacher Blick

Michel Butor

Sie, der Sie nicht aus Berlin sind, besuchen Sie Berlin, denn Berlin ist diese
Reise wert;

Sie können dort Leute sehen, die nach Berlin kommen, weil sie von seinen Denkmälern angelockt werden, seinen Denkmälern aus anderen
Zeiten, zerstört von unserer Zeit, emporragend aus dem Eisengewirr unserer Zeit;

Leute, die sich von einem Berlin ins andere begeben (denn Berlin ist
schließlich eine ganze Stadt) in Touristenbussen, in Militärfahrzeugen
oder zivilen Personenwagen, die über die gerillten Betonfahrbahnen mit
den großen, trägen Pfützen rollen, in denen sich Pfosten, Mauern und
Palisaden spiegeln, der milchige Himmel und Autos, deren Räder jene be-
spritzen, die sich zu Fuß, die Hände in den Taschen vergraben oder mit
Gepäck beladen, das lange kontrolliert werden wird, etwas besorgt dieser
Schranke nähern, die sich soeben für einen andern gehoben und sich schon
wieder geschlossen hat, die für sie sich abermals heben und nach ihrem
Hindurchgehen mit einem dumpfen metallischen Schlag wieder schließen
wird;

sowie jene, die nicht hinübergehen können, die sich dieser Grenze am
Ende der Straße nähern, Felswand, die plötzlich eines Nachts in ihrer
Straße emporgewachsen ist, jene, die seit Jahren ihren Augen nicht trauen,
nun langsamer gehen und stehenbleiben;

und jene, die sich daran gewöhnt, die das Berlin von früher nie gekannt
haben, weder das der tollen noch das der kranken, entsetzlichen Jahre und
nicht einmal das Jahr des Hungers, jene, für die diese Straße niemals
weitergeführt hat, die niemals gesehen haben, was sich auf der anderen
Seite befindet, die natürlich auch an diese andere Seite denken, von ihr
träumen, doch wie von einer anderen Welt, für die die Welt an dieser
Mauer aufhört und die, wenn sie sich diesem Teil der Welt nähern, in

ihrer Muße ihre Kurven ausgezeichnet zu nehmen verstehen, in ihren Träumen von Geschwindigkeiten, von Reisen und Überschreitungen von Grenzen, denen der Raum auf der anderen Seite plötzlich undurchdringlich erscheint, als wäre dieses milchige Blau, diese oberen Teile der wahrzunehmenden Bilder auf Eisen gemalt;

sowie die Berliner von früher, die seit Jahren, vielleicht seit dem Krieg, nicht mehr in ihre Stadt zurückgekehrt sind und nun die Orte ihrer vergangenen Freuden wiederzuerkennen suchen, ihre Freuden als Kinder, als Verliebte, die, durch Zaunlücken forschend, vom Gestrüpp überwucherte Gärten betrachten, verfallene Terrassen, geborstene Schalen, mit Laubschlamm gefüllte Becken, zerbröckelnde Balustraden, die auf verlassene Straßen führen, über die leise hin und wieder ein schwarzes suchendes Auto rollt, die steinerne Gärtnerin von einst, die mit ihren riesigen Augen auf die Verwüstung blickt;

umherstreifende Gruppen heutiger Menschen hier und da, plötzliche Ansammlungen von Leuten, die von anderswoher gekommen sind, vor Anschlagtafeln, festlichen Veranstaltungen, Emblemen;

und die Berühmtheiten von einst und von heute, die kommen und wiederkommen, Regisseure in gestreiften Hosen, Schriftsteller mit Bärten, Professoren mit vibrierenden Händen, mit Aktentaschen und Zigaretten;

und jene, die von weither geschickt worden sind, mit dem Auftrag, diese Menge anzusehen, die Berühmtheiten, die Denkmäler, die leeren Räume und die Anstrengungen, sie aufzufüllen.

Sie gehen alle drei an einem Wintertag durch die Bodestraße, der erste sieht aus wie ein Araber, abgewandter, aggressiver Blick, er beeilt sich, die Hände in den Taschen seines hellen Regenmantels, dessen Kragen hochgeschlagen ist;

der folgende ein Afrikaner mit selbstbewußtem Blick hinter seiner Brille und leicht geöffnetem Mund, er beeilt sich, die schwarzen Hände in den Taschen seines dunklen, dicken Mantels vergraben, dessen hochgeschlagener Kragen trotzdem das tadellose Hemd und die seidene Krawatte sehen läßt;

der dritte, der Weiße, ohne Mantel und ohne Krawatte, die Hände in den Hosentaschen vergraben, so daß der Rand seines Tweedjacketts, von dem nur ein Knopf geschlossen ist, hochgeschoben wird, ohne sich zu beeilen,

mit dem sie aufmerksam betrachtenden Soldaten, dessen Stahlhelm sich vor den zierlichen Zweigen eines kahlen Baumes und einem schwarzen Loch in dem vermauerten Fenster abhebt.

Allerdings werden Sie zur Zeit keinen chinesischen Offizier mehr sehen können, der nahe dem Bahnhof Alexander-Platz im Vorübergehen einen väterlichen Blick auf ein deutsches Baby wirft.

Oh, Berlin ist die Reise wert, denn wo würden Sie heute Soldaten finden, die mit Lederzeug und Stiefeln, mit umgehängten Stahlhelmen und bewaffnet mit Maschinenpistolen auf einer aus drei übereinandergelegten Steinplatten bestehenden Bank sitzen und mit Ferngläsern über die Mauer sehen,

und die älteren Damen, die ihren Operngucker mit ihrer ringgeschmückten, behandschuhten Hand einstellen, um über die Mauer zu sehen,

die schmalen, zusammengedrängten, wie erst kürzlich von Flammen beleckten Fassaden, deren geschwärzter Putz seit Jahren in Brocken abfällt, mit den schmalen, zusammengedrängten Fenstern, und die Köpfe, die aus diesen Spalten kommen mit verdrehten Hälsen wie die Wasserspeier einer Kathedrale, um über die Mauer zu sehen,

über die Betonsteine, die spanischen Reiter, den Stacheldraht, die Pfähle, die Palisaden,

über Posten, die sich ausruhen,

Posten, die ihre Schirmmütze schräg tragen,

Posten, die die Hände übereinanderlegen,

Posten, die Sonnenbrillen tragen,

Posten, die sich auf die Schranke lehnen,

Posten, die unruhig werden,

Posten, die lächeln,

Posten im Regen auf den Friedhöfen,

Posten, die auf Wachttürmen sitzen und stundenlang die Rückseite eines Hauses betrachten, die die Ziegelsteine dieser ersten zerfallenen Mauer vor jener noch stehenden zweiten riesigen Mauer zählen, Tausende von alten, unregelmäßigen Ziegelsteinen, die sich verzählen, mit dem Zählen von vorn anfangen, beim geringsten Geräusch auffahren, die Hand plötzlich um die Waffe klammern, einen ängstlichen und drohenden Blick nach links und nach rechts werfen, sich wieder beruhigen, wenn alles wieder ruhig ist, die sich erneut den vielen Ziegelsteinen gegenübersehen, sich eine Linie aussuchen, sie betrachten: ein ziemlich schwarzer, ein mehr rötlicher, dieser mehr lila, ein dunklerer, ein noch dunklerer, ein ganz schwarzer,

Posten, die scherzen,

Posten, die sich unterhalten,

Posten, die mit langen, dünnen Fingern über die Schranke streichen, deren Farbe abblättert,

Posten, die posieren,

Posten auf einer alten Mauer, die mit Zinnen versehen ist, damit sie alt erscheint, die heute schon alt ist, eingefügt in die Mauer, ihre schräg gestellten Deckziegel, die schußbereiten Waffen gleichen,

Posten, die mit Scheinwerfern spielen, die großen Augen gleichen.

Die Augen, die Gesichter, die rings um die Augen verkniffen sind, um weiter sehen zu können, noch etwas weiter über die Mauer hinaus, denn Berlin ist schließlich eine ganze Stadt,

um am ersten Mai die waagerecht im Wind stehenden Fahnen zu sehen, die umherschweifende Menge, die Bootsmannschaften, die ihre Ruder wie Gewehre tragen, die Marschblöcke der Matrosen, all diese Menschen, die sich auf den Straßen suchen, die durch die ruhigen Straßen strömen, in denen kaum ein Motor zu hören ist, die Menschen mit Sträußchen in den Knopflöchern, Menschen, die Fahnen tragen, Schilder, Fotografien und Spruchbänder, manche fröhlich, andere widerwillig unter dem Gewicht, Pfeifen blasend, Trommeln schlagend, singend, marschierend, Zivilisten in Uniform, Soldaten in Sportkleidung, diese Menge von Schirmmützen, von Zigarren, von Hüten, von Pullovern, diese Menge von Fahnen, dieser Block aus Fahnen, dieses Monument aus Fahnen, diese Versteinerung aus Fahnen beim Marschieren im Wind, der Schrei, der Gesang, die Spree auf einer eisernen Brücke überquerend, die Spree wieder in umgekehrter Richtung überquerend (überall die Spree, die Havel, die Seen),

die Spree widerhallen lassend vor dem Phantom des häßlichen, massigen Doms.

Und am nächsten Tag,

denn es ist schließlich ein ganzes Leben, eine ganze Stadt,

das alltägliche Leben, das wieder einsetzt mit seinen stets schwarzen Taxis, seinen ein- und zweistöckigen, stets cremefarbenen Autobussen, seinen Straßenbahnen, seinen Touristenbussen, seinen Zügen, seiner S-Bahn, seiner U-Bahn, seinen Lastwagen, seinen Lastkähnen;

den Modellen vom Wiederaufbau, den Sandhaufen auf den Straßen, den Haufen von alten und neuen Ziegelsteinen, von Natursteinen, von Eisen, von Kränen, den Grasbüscheln auf den Fahrbahnen, auf den Bürgersteigen, in den verlassenen Villen, in den Ritzen der überfüllten Häuserblocks,

den neuen, schon gealterten Stadtvierteln, den alten Vierteln, die modernisiert werden, mit ihren alten oder neuen oder noch unvollendeten Kirchen,

den zerstörten oder geschlossenen Kirchen,

den kargen, schwerfälligen, starren Kirchen,

den zarten Kirchen, den affektierten, den schroffen,

den aufdringlichen, den kümmerlichen, den überladenen, den banalen Kirchen,

den Dorfkirchen, den Kleinstadtkirchen, den großstädtischen Kirchen;

mit den Vitrinen, die dekoriert werden und auf die man im Vorbeigehen einen Blick wirft, bevor man, zum Beispiel, den Kurfürstendamm vor dem Metro-Hotel überquert, das seine Flügel ausbreitet gleich einem Adler, dessen Schnabel gestutzt ist und dessen Fänge man sich als von der Filiale der Berliner Commerzbank gebildet vorstellen könnte,

(o schwarzhäutige Frau, wie schön würde der Schmuck an deinen Handgelenken, auf deiner Brust und an deinen Fesseln sein!),

die Schaufenster mit Schuhen, mit Stoffen, die Schaufenster mit Obst und Gemüse, mit Zeitungen, mit Statuen;

mit ihren Brücken über oder unter den Zügen, über oder unter den Straßen, über die Spree und ihre Schleusen, über die Gärten und über andere Brücken,

das Leben in den Ruinen,

das Leben in diesem Museum von Ruinen,

und die Ruinenstücke in den in Ruinen liegenden Museen.

Wenn Sie nicht von Berlin sind, denn das ist heute unerläßlich, um Berlin zu sehen, zumindest als ganze Stadt,

können Sie die östlichen und westlichen Nackten betrachten, die lebendigen Akte auf dem Strand der Bäder, die Akte aus Stein und aus Bronze auf den Plätzen

und die diversen Umhüllungen, mit denen diese Nacktheit sich schmückt oder sich schützt vor der Kälte oder der Sonne, vor dem Blick oder dem Ohr, vor ihrem eigenen Blick, ihrem Geräusch, den Kugeln,

die Badeanzüge, die Unterwäsche, die Gewänder und Hüllen aus Stoffen oder aus Bronze, die Felle, die Pelze, die Masken, die Draperien, die Verkleidungen aus Papier, das mit Text oder Bildern bedeckt ist, mit dem Bürgersteige verdeckt werden, hinter dem man das Gesicht versteckt, mit dem man die Nacktheit der Straßen verhüllt, die Andern, die Probleme, Stoffstücke, mit denen man Stäbe umwickelt, um die Stadt zu bekleiden, um Feiern zu bekleiden, den Wind zu bekleiden,

die Haare im Wind, die herabfallenden Haare, die aufgesteckten, verknoteten, aufgelösten Haare,

die trübseligen, die neckischen, die kessen Hüte, die Schirmmützen,

das Leben mit den Schirmmützen, die Stadt der Schirmmützen,

militärische und zivile Schirmmützen, östliche, westliche, amerikanische, englische, französische und sowjetische,

Helme, Hüllen, Gehäuse:
die Strandkörbe aus Weidengeflecht,
die metallenen Gehäuse, die auf den Straßen rollen,
die hölzernen Schilderhäuschen neben den Kasernen,
die Gehäuse aus Beton,
die gläsernen Zellen mit ihren Telephonen,
die steinernen Umhüllungen mit ihren Schlitzen,
die Hüllen aus Erde rings um die Toten.

Und Sie selbst, Besucher, der Sie nicht aus Berlin stammen, weit entfernt vom Gewebe des Alltags, Sie selbst in Reisekleidung, auch Sie haben teil, bewußt oder unbewußt, an den tausend Rissen dieses Gewebes,

wenn sich kleiden zu einem Vergnügen wird, wenn das Taxi, der Bus, die U-Bahn Sie zu einem Fest bringt, zu einem Schauspiel, zu einem Gebäude der Muße,

zu einem Glas leuchtenden Weins, das weniger berauschend ist als der letzte Akkord, der noch in Ihren Ohren nachhallt, als jene Kadenz, die kaum wahrnehmbar noch von Ihren behandschuhten Fingern getrommelt wird, weniger berauschend als dieses Gesicht,

Theater, Festlichkeiten, Einweihungen, Eröffnungen,

zu den Picknicks im Grünen, am Ufer der Seen, zu den Balletten, den Orchestern, den Dekolletés, den Ordensbändern, den entblößten Schultern, den geschminkten Gesichtern, den Pausen,

den Malereien auf der Haut, den Malereien auf der Leinwand, den Malereien auf den Wänden, der Mauer.

Der Sie nicht aus Berlin stammen, denn das ist heute unerläßlich, um zu sehen, daß es nicht nur eine ganze Stadt ist, sondern auch der eindringliche, beharrende Schatten dieser Stadt, die ihre eigenen Bewohner voll und ganz sehen, von einem Ende zum andern durchqueren konnten:

Monumente aus Stein, Monumente aus Holz, Monumente aus Bronze oder Stoff, Traditionen der Frisuren, Traditionen der durchwachten Nächte, Traditionen der Mahlzeiten und Getränke,

verleugnete Monumente, verwundete Monumente, verehrte Monumente mitten im Schmerz des Entstehens.

Privilegierter, da Sie nicht von Berlin sind, Privilegierter, da Sie nach Berlin kommen, in die Stadt, in der jeder, selbst der am meisten aller Mittel Beraubte, auf irgendeine Weise privilegiert ist, da es absolut niemand gibt, der nicht das Recht hätte, sich an einen Ort zu begeben, der für andere verboten ist,

ein Festival von Privilegien.

Und Sie werden gezwungen sein, eines Tages nach Berlin zu kommen oder dorthin zurückzukehren, Sie selbst oder durch Vermittlung anderer Personen.

Sie werden eines Tages in dieses Rampenlicht treten müssen, denn es ist nicht mehr nur eine ganze Stadt unter anderen mit ihren Stadien, ihren Theatern, ihren Gerichten, ihren Museen, ihren Schaufenstern, ihren Laboratorien und ihren lärmenden Manövergeländen,

Schauspielern, Sängern, Stars, Sportlern, Spezialisten, Strategen,

sondern ein Horchposten, eine Versuchsbank für alle anderen Städte, sie selbst voll und ganz Manövergelände,

Stadion, Ring, Arena,

voll und ganz Theater, Zirkus, Oper mit Kulissen und Orchesterraum, Schwelle, Schaufenster, Laboratorium, wohin man von fernher kommt, um auszustellen, darzulegen, Klänge zu probieren, Bilder, Wörter, Objekte und Ideen.

Der Nachbar

Franz Kafka

Mein Geschäft ruht ganz auf meinen Schultern. Zwei Fräulein mit Schreibmaschinen und Geschäftsbüchern im Vorzimmer, mein Zimmer mit Schreibtisch, Kasse, Beratungstisch, Klubsessel und Telephon, das ist mein ganzer Arbeitsapparat. So einfach zu überblicken, so leicht zu führen. Ich bin ganz jung, und die Geschäfte rollen vor mir her. Ich klage nicht, ich klage nicht.

Seit Neujahr hat ein junger Mann die kleine, leerstehende Nebenwohnung, die ich ungeschickterweise so lange zu mieten gezögert habe, frischweg gemietet. Auch ein Zimmer mit Vorzimmer, außerdem aber noch eine Küche. — Zimmer und Vorzimmer hätte ich wohl brauchen können — meine zwei Fräulein fühlten sich schon manchmal überlastet —, aber wozu hätte mir die Küche gedient? Dieses kleinliche Bedenken war daran schuld, daß ich mir die Wohnung habe nehmen lassen. Nun sitzt dort dieser junge Mann. Harras heißt er. Was er dort eigentlich macht, weiß ich nicht. Auf der Tür steht: „Harras, Bureau". Ich habe Erkundigungen eingezogen, man hat mir mitgeteilt, es sei ein Geschäft ähnlich dem meinigen. Vor Kreditgewährung könne man nicht geradezu warnen, denn es handle sich doch um einen jungen, aufstrebenden Mann, dessen Sache vielleicht Zukunft habe, doch könne man zum Kredit nicht geradezu raten, denn gegenwärtig sei allem Anschein nach kein Vermögen vorhanden. Die übliche Auskunft, die man gibt, wenn man nichts weiß.

Manchmal treffe ich Harras auf der Treppe, er muß es immer außerordentlich eilig haben, er huscht förmlich an mir vorüber. Genau gesehen habe ich ihn noch gar nicht, den Büroschlüssel hat er schon vorbereitet in der Hand. Im Augenblick hat er die Tür geöffnet. Wie der Schwanz einer Ratte ist er hineingeglitten, und ich stehe wieder vor der Tafel „Harras, Bureau", die ich schon viel öfter gelesen habe, als sie es verdient.

Die elend dünnen Wände, die den ehrlich tätigen Mann verraten, den Unehrlichen aber decken. Mein Telephon ist an der Zimmerwand angebracht, die mich von meinem Nachbar trennt. Doch hebe ich das bloß als besonders ironische Tatsache hervor. Selbst wenn es an der entgegengesetzten Wand hinge, würde man in der Nebenwohnung alles hören. Ich habe mir abgewöhnt, den Namen der Kunden beim Telephon zu nennen. Aber es gehört natürlich nicht viel Schlauheit dazu, aus charakteristischen, aber unvermeidlichen Wendungen des Gesprächs die Namen zu erraten. — Manchmal umtanze ich, die Hörmuschel am Ohr, von Unruhe gestachelt, auf den Fußspitzen den Apparat und kann es doch nicht verhüten, daß Geheimnisse preisgegeben werden.

Natürlich werden dadurch meine geschäftlichen Entscheidungen unsicher, meine Stimme zittrig. Was macht Harras, während ich telephoniere? Wollte ich sehr übertreiben — aber das muß man oft, um sich Klarheit zu verschaffen —, so könnte ich sagen: Harras braucht kein Telephon, er benutzt meines, er hat sein Kanapee an die Wand gerückt und horcht, ich dagegen muß, wenn geläutet wird, zum Telephon laufen, die Wünsche des Kunden entgegennehmen, schwerwiegende Entschlüsse fassen, großangelegte Überredungen ausführen — vor allem aber während des Ganzen unwillkürlich durch die Zimmerwand Harras Bericht erstatten.

Vielleicht wartet er gar nicht das Ende des Gespräches ab, sondern erhebt sich nach der Gesprächsstelle, die ihn über den Fall genügend aufgeklärt hat, huscht nach seiner Gewohnheit durch die Stadt und, ehe ich die Hörmuschel aufgehängt habe, ist er vielleicht schon daran, mir entgegenzuarbeiten.

Wenn es dunkelt

Dino Buzzati

Der Buchhalter Sisto Tarra hatte genau an dem Tag, da er zum Geschäftsführer der Firma ernannt worden war, ein seltsames Erlebnis. Es war ein Samstag, angenehm warmes Wetter mit wundervoller Sonne, und sein Geist bewegte sich in glücklichen Sphären. Das seit Jahren ersehnte Ziel war endlich erreicht, er konnte sich allen Ernstes als den eigentlichen Herrscher des Betriebes bezeichnen; aber mehr noch als die Beförderung selbst, als die finanziellen Vorteile erfüllte es ihn mit Freude, die messerfeine diplomatische Arbeit triumphieren zu sehen, die er geleistet, um den Ruf seines Vorgängers Dr. Brozzi zu untergraben. Jahre hindurch hatte er ruhelos im Hinterhalt gelegen, um dessen kleinste Fehler zu entdecken, ihre Folgen zu vergrößern und sie den Vorgesetzten in die Augen springen zu lassen. Und darin war er um so geschickter vorgegangen, als er nach außen hin Brozzi immer verteidigt hatte, um sich das Gebaren eines großzügigen und loyalen Menschen zu geben.

Tarra wohnte allein in einem kleinen zweistöckigen Haus in einer Straße der Gartenstadt, draußen vor den Toren. Nachdem er zu Mittag gegessen hatte, setzte er sich in sein Studierstübchen und dachte eben darüber nach, wie er den freien Nachmittag verbringen solle, als er gerade über seinem Kopf, auf dem Dachboden, Schritte vernahm, die vermutlich von einem Menschen herrührten. Vielleicht wäre in einer fernen Zeit, als er noch ein Kind gewesen, bei diesem Geräusch geheimnisvolle Geisterfurcht in ihm aufgestiegen. Vielleicht hätte er an einem anderen, von Regen und Müdigkeit angefüllten Tag an Diebe gedacht, und sein Herz hätte sogar geklopft. Aber heute war die Heiterkeit in der Luft zu groß, die Sonne zu klar, die Aussicht in die Zukunft zu erfreulich. Sisto schloß mit der ihm eigenen korrekten Vernünftigkeit eines Buchhalters jede dunkle Ahnung aus und nahm an, daß es Ratten seien, große Tiere, die das Geräusch menschlicher Schritte vortäuschten. Immerhin wollte er sich die Sache einmal ansehen.

Er stieg die Treppe hinauf, öffnete die Tür und betrat den verlassenen Bodenraum, wo durch die Ritzen zwischen den Dachziegeln (und durch einige kleine, halbmondförmige Luftlöcher) ein ruhiges, verdünntes Licht einsickerte, blickte umher, sah einen Knaben vor einer Kiste stehen und darin herumsuchen.

„Also keine Ratten", sagte sich Tarra ohne irgendwelche Erregung, „sondern ein unbekannter diebischer Knirps." Und er wollte gerade auf ihn zutreten, als der Junge den Kopf wandte, so daß ihre Blicke sich trafen.

5 Texte für Deutschunterricht 10. Schuljahr (1139)

Sisto stand still, von Erstaunen festgenagelt: er kannte ja diesen Knaben, und ob er ihn kannte! Jener kaum vernarbte Riß dort über dem einen Auge: er wußte ja, daß er von einem Sturz im Garten stammte. Jener blaue Kinderanzug, der Gürtel aus leuchtendem Leder, o, er konnte sich gut daran erinnern! Und er war noch im Nachsinnen, wo er diese Dinge wohl je gesehen habe, als er plötzlich begriff: der Unbekannte war er selbst. Sisto Tarra als Kind. Tatsächlich er, Sisto, im Alter von elf, zwölf Jahren.

Zuerst war es nur ein leichter Verdacht gewesen, so sinnwidrig, daß man hätte darüber lachen können. Dann, als der Knabe sich gegen ihn umgewandt, erkannte Tarra ihn genau, ein Traum war ausgeschlossen, er war es wirklich selbst, Sisto, als Kind.

Im allgemeinen war es weiß Gott nicht leicht, auf Tarra Eindruck zu machen. Und doch empfand er jetzt mit einem Schlag große Schüchternheit wie in den Augenblicken, da er zur Berichterstattung vom Generaldirektor hereingerufen wurde. Es schien ihm, als sei er nicht mehr fähig, sich vom Fleck zu rühren, und gebannt starrte er auf sein eigenes, lebendes Bild aus der Zeit vor fünfunddreißig Jahren.

Schweigen herrschte, und man hörte nur den Atem Sistos, die Stimme eines auf dem Dach umherhüpfenden Sperlings, das Geräusch eines entfernten Autos, während sich von den Ritzen zwischen den Dachziegeln und von den kleinen Luftlöchern ein gelbliches Licht verbreitete: über die alten, in den Winkeln aufgehäuften Bücher, über die zerbrochenen Spiegel, die zerlegten Bettstellen, die leeren Bilderrahmen, das Gerümpel einer ganzen Familie.

Doch indessen hatte der Buchhalter Sisto Tarra die volle Herrschaft über sich selbst zurückgewonnen, die er auch sonst immer so stolz zur Schau stellte, und er fragte mit kalter Stimme (obwohl er es in seinem Herzen genau wußte):

„Wer bist du? Wie bist du hier hereingekommen?"

„Die Spielsachen", antwortete der Junge ausweichend mit der müden und feinen Stimme eines Kranken. „In dieser Kiste hier müssen die Spielsachen sein."

„Die Spielsachen? Hier gibt es keine Spielsachen", sagte Tarra und fühlte sich zusehends freier, da er die interessante Seite dieses Gesprächs zu schätzen begann, zumal der Knabe ihn nicht erkannt hatte, was ihm, Sisto, einen entschiedenen Vorteil gab; außerdem genoß er schon im voraus den Augenblick, wo er, Tarra, sich zu erkennen geben und das Kind dann vor Staunen überwältigt stehen werde bei der Entdeckung, wie groß, reich und angesehen es geworden sei.

Aber der Knabe beharrte: „Und es sind doch welche da. In diese Kiste hat man sie getan, ich habe schon den Märklin-Baukasten gefunden."

„So, den Märklin", wiederholte Tarra mit dem nachgiebigen Wohlwollen, das gewichtige Persönlichkeiten in der Öffentlichkeit vor Kindern anzunehmen pflegen, „gefällt er dir, der Märklin?"

Fünfunddreißig Jahre, dachte er indessen, und welch ein Weg war das gewesen! Er hatte sein Leben wirklich gut angelegt. Was für ein Abgrund trennte jenen törichten und verängstigten Knaben von ihm, dem Buchführer Tarra, der, fest eingepflanzt in der Welt, geachtet und gefürchtet, ohne mit der Wimper zu zucken, Millionengeschäfte abwickelte. Welch ein großartiges Geschenk wird das für den Buben sein, dachte er, wenn er bald schon von seiner eigenen erfolgreichen Laufbahn hören wird.

Das Kind starrte ihn inzwischen weiter mit mißtrauischem Staunen an, es schien sich um die Spielsachen nicht mehr zu kümmern.

„Und Sisto?" fragte es statt dessen, immer in diesem kranken Ton. „Wo ist Sisto jetzt? Wohnt er noch hier? Kennst du ihn?"

„Und ob ich ihn kenne!" sagte Tarra, über seinen eigenen Scherz lächelnd. „Wir wohnen zusammen, und das seit vielen Jahren."

„Und wie geht es ihm? Was macht er jetzt?"

„Oh, er ist eine bedeutende Persönlichkeit geworden, der Sisto", und das Lächeln wurde immer breiter.

„Eine bedeutende . . .?" fragte der Knabe, und sein Gesicht erhellte sich. „Was macht er denn? Ist er General geworden?"

„General? Warum gerade General? Würde es dir Spaß machen, wenn er sich dann und wann wie ein General betätigte?" — Was sind das für dumme Ideale! dachte er dabei, man sieht wirklich, daß er noch ein kleiner Trottel ist.

„Bestimmt würde mir das Spaß machen", antwortete der Junge.

„Nun gut", fuhr Sisto fort, indem er die Stimme erkalten ließ, „er ist kein General, aber er hat trotzdem seinen Weg gemacht."

„Dann ist er ein Forscher?"

Was für ein Blödsinn! dachte Sisto wieder und fragte sich, ob es nicht besser sei, die Unterhaltung abzubrechen, aber der Wunsch, bewundert zu werden, hielt ihn fest.

„Nein, er ist auch kein Forscher", sagte er, „die existieren nur noch in den Büchern. Aber es gibt wichtigere Dinge auf dieser Welt."

„Also was ist er dann? Ist er vielleicht Minister?"

Das klingt schon besser, dachte Tarra, da er den Knaben auf weniger kindische Ziele zusteuern sah. Und er antwortete: „Nun, ein Minister ist er, genau genommen, nicht. Aber er hat eine hervorragende Stellung. Du kannst schon mit ihm zufrieden sein."

Das Kind sah ihn vertrauensvoll an in der Hoffnung auf eine Erklärung. Man hörte einige Spatzen auf dem Dach schimpfen, eine Frauenstimme unten auf der Straße, einen einzelnen Glockenschlag irgendwoher.

„Er ist Geschäftsführer", sagte Tarra endlich und ließ das Wort auf der Zunge zergehen. „Geschäftsführer der Firma Troll, des ersten Speditionshauses von Italien."

Der Knabe schien nicht zu begreifen. Geschäftsführer: das sagte ihm nicht viel. Seine Augen forschten noch fragend in denen Tarras, aber sie leuchteten wohl ein wenig schwächer durch einen feinen Enttäuschungsschleier hindurch.

„Was bedeutet das?" fragte er. „Zählt er etwa Rechnungen?"

„Auch das", gab Tarra zu, gereizt durch dieses geringe Verständnis. „Im Grunde ist er einer der führenden Männer."

„Dann ist er also reich, nicht wahr?" — Dieser Gesichtspunkt schien dem Kind zu gefallen.

„Es steht nicht schlecht, es steht wirklich nicht schlecht damit", antwortete Sisto und ließ das Lächeln von früher wieder aufblühen. „Man kann jedenfalls nicht klagen."

„Oha, die schönen Pferde!"

„Pferde?"

„Ich meine, daß er dann jetzt schöne Pferde haben wird."

Der Buchführer schüttelte den Kopf, als ob die Dummheit dieses Burschen ihn völlig entmutige. Und er sagte, nur um nicht hart zu erscheinen: „O nein, heutzutage benutzt man keine Pferde mehr."

Ein neuer Gedanke kam dem Knaben; er ließ die Pferde beiseite und fragte: „Aber sag mir: wie i s t denn Sisto jetzt? Wie sieht er aus?"

„Oh, der ist groß geworden!" entgegnete Tarra und fühlte immer mehr Hochachtung vor sich selbst über soviel Geistesgegenwart. „So groß wie ich ungefähr."

„Aber ist er schön? Sag, ist er schön?"

„Schön? Das weiß ich nicht. Bei Männern kommt es auf die Schönheit nicht an. Manche Leute sagen freilich, er sei ein sehr gut aussehender Mann."

„Und trägt er einen Bart?"

„Einen Bart, nein. Aber einen Schnurrbart, etwa so einen wie ich. Er sei ein englischer Typ, sagt man."

Das Licht, das von den Ritzen zwischen den Ziegeln und von den halbmondförmigen Luftlöchern in den Bodenraum drang und erst gelblich geschienen hatte, wurde plötzlich grau. Eine Wolke mußte sich am Himmel aufgehäuft haben, so daß die Sonne dahinter verschwunden war.

„Und die Gebete?" fragte auf einmal das Kind. „Sagt er sie abends immer, seine Gebete?"

Schon wieder diese Albernheiten, dachte Tarra gereizt; war es wirklich möglich, daß er selbst jener kleine Junge gewesen war, wenn auch vor fünfunddreißig Jahren? War es möglich, daß er sich so sehr von ihm unterschied? Es schien ihm unsinnig, eigentlich beschämend, aus diesem Knaben hervorgewachsen zu sein.

„Jetzt nicht mehr, mein Lieber", entgegnete er in einem Ton fast zorniger Herausforderung. „Warum willst du, daß er Gebete hersagt? Von einem gewissen Alter an tut das niemand mehr. Nur die Frauen ..."

„Aber er kennt sie noch, nicht? Er kann sie noch auswendig?"

„Ich weiß nicht einmal das genau, man müßte ihn fragen. Aber das ist schwierig."

„Und wenn er sie einmal nötig braucht? Was macht er, wenn er sie nötig braucht?"

„Gebete brauchen? Warum sollte er die jemals brauchen?"

Der Kleine sah ihn erschrocken an, als sei er zu Unrecht gescholten worden.

„Und die Kinder?" fragte er. „Leben seine Kinder auch hier?"

„Sisto hat keine Kinder", sagte der Buchführer Tarra trocken. „Wer hat dir in den Kopf gesetzt, er habe welche?"

„Gar keine Kinder? Nicht einmal eins?"

„Aber nein, natürlich nicht, er ist gar nicht verheiratet, der Sisto."

Jetzt hörte man ein neues Geräusch, eine Art dumpfes Winseln, das in Wellen auf und ab über die Dachziegel strich: die Stimme des Windes. Der Bodenraum hatte sich rasch verdüstert, und eine Wolke vor der Sonne genügte dafür als Erklärung nicht mehr, so schwer und schwarz sie auch sein mochte; man mußte einsehen, daß im schnellen Schwinden des Abends unerwartet, da der gewöhnliche Stundengang sich beschleunigte wie nie zuvor, die Nacht sich nahte.

Jetzt trat der Knabe einen schüchternen Schritt vor, deutete mit dem Zeigefinger auf den Mann, und seine Stimme wurde noch feiner: „Du bist es, nicht?" fragte er bang. „Sag die Wahrheit, du bist Sisto?"

Also hatte das Kind endlich begriffen, es hatte erkannt, daß jener Herr nahe an die Fünfzig nicht irgendein Mensch sei, sondern wirklich er selbst, so, wie er von den Jahren verwandelt worden war. Die Stimme des Kindes zitterte aus irgendeinem besonderen Grund.

Die Knabenstimme zitterte, der Buchführer Tarra hingegen lächelte und reckte sich, um so eindrucksvoll wie möglich zu erscheinen.

„Ich selbst in Person", versicherte er. „Hattest du das noch nicht begriffen?"

„. . . noch nicht begriffen?" antwortete mechanisch wie ein Echo der Knabe, ohne den Klang der Worte zu hören, die Pupillen im Halbdunkel geweitet.

„Du bist doch zufrieden, nicht wahr? Komm, sag es mir! Du bist mit dem Ergebnis doch zufrieden?"

Aber warum lächelte der dumme Junge jetzt nicht einmal? Warum lief er ihm nicht festlich gestimmt entgegen? Vielleicht hatte er immer noch nicht recht verstanden? Oder argwöhnte er einen Scherz und blieb wachsam aus Furcht vor Enttäuschungen?

Nein, das Kind hatte sehr gut verstanden und betrachtete Sisto mit einem brennenden und bitteren Ausdruck, als ob es ein großes Geschenk erwartet und ein elendes Ding bekommen habe. Mit unsicheren Schritten näherte er sich quer durch den düsteren Bodenraum jenem Mann, den er lieber nicht gekannt hätte, starrte auf das magere Gesicht, die kalten Fischaugen, die dünnen, harten Lippen, betrachtete prüfend den hohen, steifen Kragen, die Schlipsnadel, die einen Löwenkopf darstellte, den untadeligen dunklen Anzug und berührte einen Zipfel davon mit seiner Hand.

„Sieh einmal, was für eine schöne Uhr", sagte Sisto Tarra, um des Kindes Vertrauen zu gewinnen, und zog die Präzisionsuhr hervor. „Ich habe sie in der Schweiz gekauft, es ist ein Läutewerk drin."

Er drückte auf ein Knöpfchen, und man hörte in der Stille feine metallische Schläge widerhallen. Eins, zwei, drei, vier, fünf, sechs. Sechs Uhr abends, war das möglich? Eine dunkle Erregung drängte sich in Tarras Brust. Es schien ihm, als habe die Begegnung mit dem Knaben nicht mehr als zehn Minuten gedauert, aber die Uhr und die wachsende Dunkelheit bezeugten das Heraufkommen der Nacht. Die Sonne hatte ihren Weg wie aus Haß gegen ihn, Sisto, in größter Hast durcheilt. Als das zarte Geläut verstummt war, hörte man den Wind draußen an den Wänden entlangklagen.

„Wie schön", murmelte der Junge ohne Überzeugung, indem er die Uhr betrachtete. „Aber zeig mir doch mal deine Hände!"

Und er nahm mit seiner Hand die Rechte des Buchführers Tarra, zog sie näher zu sich, um sie gut sehen zu können, besah sie zaghaft, zaghaft. Und er schien wahrlich nicht zu glauben, eine tieftraurige Angelegenheit, daß diese behaarte, massige Hand, von Runzeln durchfurcht, mit hervortretenden Knöcheln und dicken, gelblichen Nägeln, daß sie so klein, zart und weiß gewesen sein sollte wie die des Kindes.

„Und was hast du an dem Auge da?" fragte der Knabe weiter und hob den Blick zu Tarras Gesicht auf. Wirklich hing Sistos rechtes Augenlid seit ein paar Jahren infolge einer rheumatischen Gesichtslähmung herab, was ihm einen etwas zweideutigen Ausdruck gab.

„Doch! Warum hältst du es geschlossen?" beharrte der Knabe, da der andere nicht antwortete.

„Ach nichts, ich sehe großartig damit", knurrte der Buchhalter Tarra, der eine traurige Wut in sich aufsteigen spürte. Was für eine Dunkelheit auf dem Dachboden! Und von draußen drang auch kein Laut mehr herein. In den äußersten Ecken, wo der Giebel sich schräg in den Fußboden senkte, häuften sich dichte Schatten.

„Warum zum Teufel bin ich hier nur heraufgestiegen?" sagte sich Tarra. „Und warum sieht dieser unangenehme kleine Bursche mich immer so an? Was habe ich denn schließlich mit ihm gemein?" Der Knabe verabscheute ihn, das konnte man deutlich merken.

„Du hast dir mich anders vorgestellt, was?" sagte Sisto im wachsenden Dunkel mit rauher und feindseliger Stimme.

„Ich weiß nicht ... weiß nicht ...", stotterte das Kind, verängstigt zurückweichend. Weiter sagte es nichts mehr, aber man spürte trotzdem seine Enttäuschung.

„Was hattest du dir eigentlich in den Kopf gesetzt? Was dachtest du, sei ich geworden? Wolltest du mich in Generaluniform sehen? Oder mit der Mitra des Bischofs?" wetterte er los, obwohl er sich noch immer etwas zu zügeln suchte. „Ich weiß nicht, warum du so ein Maul ziehst. Du könntest dem Himmel danken, scheint mir. Bist nicht befriedigt, was? Meine Hände gefallen dir nicht, was?"

Jetzt genoß er die Lust, Angst einzuflößen, den vorlauten Knaben zu schrecken. Aber der andere war schnell zurückgewichen, und man konnte ihn fast nicht mehr wahrnehmen, so dunkel war es.

„Sisto." Zum ersten Male sprach der Buchhalter den eigenen Namen aus, der unangenehm und traurig widerhallte. „Sisto, wo bist du? Ich muß dir die Briefmarken zeigen, ich habe eine herrliche Sammlung", fügte er in süßlichem Ton hinzu, damit der Knabe nicht zu fliehen versuche.

Er durcheilte den Bodenraum, wobei er achtgeben mußte, nicht gegen die querstehenden Tragbalken zu stoßen, und am Ende angelangt, beugte er sich nieder, um die finsteren Winkel abzusuchen, blickte sich um, und seine Erregung wuchs. Der Knabe war verschwunden.

„Sisto, Sisto", ließ er sich wieder vernehmen, flüsternd, da der Klang der eigenen Stimme ihn zu peinigen begann. Aber niemand gab Antwort. Das Ebenbild von einst hatte sich im Schatten aufgelöst, und auf dem Dachboden blieb gar nichts anderes als der Buchhalter Sisto Tarra, siebenundvierzig Jahre alt, von unruhigen Gedanken befallen.

Allein auf dem leeren Dachboden. Die Nacht hatte ihn so plötzlich überrascht, wie er es nie für möglich gehalten hätte. Er dachte angestrengt an seine Laufbahn, an die Beförderung, an die neue Stellung, doch all das sagte ihm nichts mehr. Vergebens suchte er die frühere Zufriedenheit wiederzufinden. „Oha, die schönen Pferde, die schönen Pferde ... Nicht einmal eins, ... nicht einmal eins ...", hörte er die Stimme des Kindes rings aus den schwarzen Ecken flüstern. Er dachte daran, daß es draußen schon Nacht geworden war, daß draußen das Dasein der Menschen weiterlief, das Dasein von vieltausend Geschöpfen, die dem Leben verhaftet waren und keine Ahnung hatten, wer Sisto Tarra sei; Männer und Frauen, über die Erde verstreut, die gemeinsam arbeiteten und litten, in Massen zusammengewürfelt, von den Städten verschlungen, mittelmäßig oder vielleicht gar verworfen, aber nicht allein.

Nicht so allein wie er, der das Leben immer gering geschätzt und es sich Schritt für Schritt entfremdet, indessen er so getan hatte, als könne er alles allein bewältigen. Und es begann sich in ihm der Zweifel zu bilden, ein winziger Schimmer, er könne sich vollständig geirrt haben, es möchte auf der Welt vielleicht noch andere Dinge geben als die Stellung im Geschäft, die Steuerlisten, die Gehälter, die GmbH Troll; Dinge, die er eines fernen, vergangenen Tages durch all dies hindurch auch erblickt hatte. Dummheiten natürlich, Phantasien ohne Zweck, die er dann hatte dahinschwinden lassen in der gierigen Mühsal des Alltags.

Zuerst war es nur ein fernliegender, schwacher Zweifel, dann aber packte ihn plötzliches Verlangen wie ein heißer Durst: umkehren können, noch einmal jener Knabe werden, alles neu von vorne beginnen, alles anders einrichten, als es geschehen war; den Beruf, die Freunde, das Haus, sogar die Kleider, sogar das Gesicht. Und es war schrecklich, daß es nun zu spät sein mochte, daß die Dunkelheit ihn überrascht hatte und es kein Heilmittel mehr geben werde.

Im letzten Licht der Dämmerung, darüber die Schleier der Nacht sich langsam senkten, suchte der Buchhalter Sisto Tarra, vorsichtig tastend, damit er nicht an die Querbalken stoße, die Tür, um zu entkommen. „Dummheiten, Dummheiten", murmelte er mit Nachdruck vor sich hin, um sich in die gesicherte und angenehme Wirklichkeit des Lebens zurückzurufen; aber das genügte nicht. Er hörte feine, leichte Schläge auf die

Dachziegel niederklopfen, immer dichter werdend, ein gleichmäßig ruhiges Geräusch: die Wolken mußten den Himmel ausgefüllt haben, und der Regen fiel.

Der andorranische Jude

Max Frisch

In Andorra lebte ein junger Mann, den man für einen Juden hielt. Zu erzählen wäre die vermeintliche Geschichte seiner Herkunft, sein täglicher Umgang mit den Andorranern, die in ihm den Juden sehen: das fertige Bildnis, das ihn überall erwartet. Beispielsweise ihr Mißtrauen gegenüber seinem Gemüt, das ein Jude, wie auch die Andorraner wissen, nicht haben kann. Er wird auf die Schärfe seines Intellektes verwiesen, der sich eben dadurch schärft, notgedrungen. Oder sein Verhältnis zum Geld, das in Andorra auch eine große Rolle spielt: er wußte, er spürte, was alle wortlos dachten; er prüfte sich, ob es wirklich so war, daß er stets an das Geld denke, er prüfte sich, bis er entdeckte, daß es stimmte, es war so, in der Tat, er dachte stets an das Geld. Er gestand es; er stand dazu, und die Andorraner blickten sich an, wortlos, fast ohne ein Zucken der Mundwinkel. Auch in Dingen des Vaterlandes wußte er genau, was sie dachten; sooft er das Wort in den Mund genommen, ließen sie es liegen wie eine Münze, die in den Schmutz gefallen ist. Denn der Jude, auch das wußten die Andorraner, hat Vaterländer, die er wählt, die er kauft, aber nicht ein Vaterland wie wir, nicht ein zugeborenes, und wie wohl er es meinte, wenn es um andorranische Belange ging, er redete in ein Schweigen hinein wie in Watte. Später begriff er, daß es ihm offenbar an Takt fehlte, ja, man sagte es ihm einmal rundheraus, als er, verzagt über ihr Verhalten, geradezu leidenschaftlich wurde. Das Vaterland gehörte den andern, ein für allemal, und daß er es lieben könnte, wurde von ihm nicht erwartet, im Gegenteil, seine beharrlichen Versuche und Werbungen öffneten nur eine Kluft des Verdachtes; er buhlte um eine Gunst, um einen Vorteil, um eine Anbiederung, die man als Mittel zum Zweck empfand auch dann, wenn man selber keinen möglichen Zweck erkannte. So wiederum ging es, bis er eines Tages entdeckte, mit seinem rastlosen und alles zergliedernden Scharfsinn entdeckte, daß er das Vaterland wirklich nicht liebte, schon das bloße Wort nicht, das jedesmal, wenn er es brauchte, ins Peinliche führte. Offenbar hatten sie recht. Offenbar konnte er überhaupt nicht lieben, nicht im andorranischen Sinn; er hatte die Hitze der Leidenschaft, gewiß, dazu die Kälte seines Verstandes, und diesen empfand man als eine immer bereite Geheimwaffe seiner Rachsucht; es fehlte ihm das Gemüt, das Verbindende; es fehlte ihm, und das war unverkennbar, die Wärme des Vertrauens. Der Umgang mit ihm war anregend, ja, aber nicht angenehm, nicht gemütlich. Es gelang ihm nicht, zu sein wie alle andern, und nachdem er es umsonst versucht hatte, nicht aufzufallen, trug er sein Anderssein sogar mit einer Art von Trotz, von Stolz und lauernder Feindschaft dahinter, die er, da sie ihm selber nicht gemütlich war, hinwiederum mit einer geschäftigen Höflichkeit überzuckerte; noch wenn er sich verbeugte, war es eine Art von Vorwurf, als wäre die Umwelt daran schuld, daß er ein Jude ist —

Die meisten Andorraner taten ihm nichts.

Also auch nichts Gutes.

Auf der andern Seite gab es auch Andorraner eines freieren und fortschrittlichen Geistes, wie sie es nannten, eines Geistes, der sich der Menschlichkeit verpflichtet fühlte: sie achteten den Juden, wie sie betonten, gerade um seiner jüdischen Eigenschaften willen, Schärfe des Verstandes und so weiter. Sie standen zu ihm bis zu seinem Tode, der grausam gewesen ist, so grausam und ekelhaft, daß sich auch jene Andorraner entsetzten, die es nicht berührt hatte, daß schon das ganze Leben grausam war. Das heißt, sie beklagten ihn eigentlich nicht, oder ganz offen gesprochen: sie vermißten ihn nicht — sie empörten sich nur über jene, die ihn getötet hatten, und über die Art, wie das geschehen war, vor allem die Art.

Man redete lange davon.

Bis es sich eines Tages zeigt, was er selber nicht hat wissen können, der Verstorbene: daß er ein Findelkind gewesen, dessen Eltern man später entdeckt hat, ein Andorraner wie unsereiner —

Man redete nicht mehr davon.

Die Andorraner aber, sooft sie in den Spiegel blickten, sahen mit Entsetzen, daß sie selber die Züge des Judas tragen, jeder von ihnen.

Die Augenbinde

Siegfried Lenz

Der Korrektor unterbrach das Spiel. Er schob die Karten zusammen, warf sie auf den Fenstertisch und wischte sich langsam über die Augen, hob dann sein Gesicht und blickte durch das Abteilfenster in die Dunkelheit draußen. „Das war erst Wandsbek", sagte einer der beiden anderen, worauf der Korrektor wieder die Karten aufnahm, sie mit dem Daumen zum Fächer auseinanderdrückte und schweigend ausspielte. Nach zwei Stichen, die er abgeben mußte, schob er abermals die Karten zusammen, ließ sie leicht klatschend gegen das Fenster fallen und sagte: „Es steht in keinem Buch, ich hab' überall nachgeschlagen."

„Du bist am Ausspielen", sagte einer der beiden anderen, ein alter Mann mit Stahlbrille.

„Es war einfach nicht zu finden", sagte der Korrektor.

„Fang nicht wieder an", sagte der Mann mit der Stahlbrille, „ich hatt's gerade vergessen."

„Also spielen wir oder spielen wir nicht", sagte der Rothaarige.

Sie spielten weiter. Sie spielten schweigend wie an jedem Abend, wenn sie im letzten Vorortzug saßen, der Hamburg verließ, jeder erfüllt von seiner Müdigkeit und dem Wunsch, auf der Heimfahrt nicht sich selbst überlassen zu sein. Zwanzig oder sogar dreißig Jahre hatten sie sich so nach Hause gespielt, nicht gleichgültig, aber auch nicht erregt, drei Männer aus der geduldigen Gemeinschaft der Pendler, die sich beinahe zwangsläufig gefunden hatten und die sich nun in einer Art instinktivem Einverständnis immer wieder fanden, immer im vorletzten Abteil, das sie mit knappem Gruß betraten und auch wieder verließen.

Sie spielten lautlos, keinem schien daran gelegen, auch nur ein einziges Wort über Gewinn und Verlust zu verlieren, und dann war es wieder der Korrektor, der das Spiel unterbrach. „Man muß es doch herausbekommen", sagte er, „man muß doch wohl erfahren können, wie sich Tekhila schreibt."

„Ich gebe", sagte der Rothaarige.

„Warum mußt du das wissen?" sagte der Mann mit der Stahlbrille.

„Manches möchte man herausbekommen", sagte der Korrektor.

„Wozu?"

„Man sollte nicht alles lassen, wie es ist."

„Heb ab!" sagte der Rothaarige und verteilte.

„Morgen erscheint die Sache", sagte der Korrektor. „Tekhila wird viermal genannt in der Geschichte, und jedesmal wird es anders geschrieben."

„Ich höre", sagte der Rothaarige.

„Ist das ein Dorf?" fragte der Mann mit der Stahlbrille und steckte seine Karten zusammen.

„Tekhila heißt ein Dorf in einer Geschichte", sagte der Korrektor.

„Wer hat mehr als zwanzig?" sagte der Rothaarige.

Sie sahen in ihre Karten, keiner konnte mehr als zwanzig entdecken, und dem Rothaarigen gehörte das Spiel. Der Regen sprühte gegen das Abteilfenster. Der Zug fuhr langsamer jetzt, bremste neben einem leeren, schlecht beleuchteten Bahnsteig; sie hörten Türen zufallen und dann hastige Schritte auf Steinfliesen. Als der Zug wieder anfuhr, war der Korrektor an der Reihe zu geben, und der Mann mit der Stahlbrille fragte: „Warum ausgerechnet Tekhila?

„Ich weiß nicht", sagte der Korrektor und hob das graue, unrasierte Gesicht.

„Kennst du Tekhila?"

„Nein."

„Zieht's dich dorthin?"

„Nein."

„Was also?"

„Sie sind blind", sagte der Korrektor, „in Tekhila sind alle blind: Sie werden blind geboren und wachsen heran und heiraten und sterben blind. Es ist eine alte arabische Augenkrankheit."

„Spielt die Geschichte in Marokko?" fragte der Mann mit der Stahlbrille.

„Nein", sagte der Korrektor, „ich weiß nicht."

Er ließ seine Karten achtlos auf dem Fenstertisch liegen und wischte sich über die Augen, während die andern ihr Blatt betrachteten und es gleichzeitig zusammenschoben, resigniert, abwinkend.

„Der dicke Hund ist bei dir", sagte der Rothaarige.

„Sie heißt ‚die Augenbinde'", sagte der Korrektor.

„Wer?"

„Die Geschichte, die Geschichte da in Tekhila. Es ist eine alte lederne Augenbinde, die der Bürgermeister aufbewahrt."

„Für wen?" fragte der Mann mit der Stahlbrille und legte seine Karten ebenfalls auf den Fenstertisch.

„Ich weiß nicht", sagte der Korrektor, „vielleicht für jeden in Tekhila. Es ist ein kleines Dorf auf einer Ebene, wenig Schatten, ein Fluß mit lehmtrübem Wasser geht da vorbei, und die Leute, die blinden Einwohner von Tekhila, arbeiten auf ihren Feldern."

„Beginnt so die Geschichte?" fragte der Mann mit der Stahlbrille.

„Nein", sagte der Korrektor, „die Geschichte beginnt anders. Sie beginnt im Haus des Bürgermeisters. Der Bürgermeister nimmt eine lederne Augenbinde vom Haken. Es ist dunkles, fleckiges Leder und staubig, und der Bürgermeister wischt die Binde an seiner Hose sauber. Er poliert sie mit seinen Fingerspitzen, und dann verläßt er das Haus. Vor seinem Haus sitzt ein Korbflechter bei der Arbeit. Der Bürgermeister hält ihm die Binde hin, läßt ihn das kühle Leder betasten; der Korbflechter springt erschrocken auf und folgt dem Bürgermeister, sie gehen gemeinsam über den Platz und die krustige Straße hinab zu den Feldern, und überall, wo sie einem Mann begegnen, bleiben sie stehen, der Bürgermeister hält ihm stumm die lederne Augenbinde hin, läßt ihn erschrecken."

„Und jeder folgt ihm", sagte der Rothaarige.

„Ja, jeder, der die Augenbinde betastet hat, erschrickt und folgt dem Bürgermeister", sagte der Korrektor. „Sie unterbrechen ihre Arbeit oder ihr Nichtstun. Sie fragen nicht. Sie folgen ihm einfach, und der Bürgermeister selbst sagt kein einziges Wort, während er die Männer von Tekhila sammelt oder auf sich verpflichtet, indem er ihnen die Augenbinde hinhält, und zuletzt hat er alle Männer des Dorfes hinter sich."

„Und so beginnt die Geschichte?" fragte der Mann mit der Stahlbrille.

„So ähnlich", sagte der Korrektor, „morgen steht sie in unserm Blatt. Morgen kannst du sie nachlesen. Tekhila wird viermal genannt und jedesmal anders geschrieben."

„Und der Kerl mit der Augenbinde?" fragte der Rothaarige.

„Wer?"

„Der Bürgermeister und alle, die er hinter sich hat: Wo ziehn die hin?"

„Zur Schule", sagte der Korrektor. „Es ist Mittag, ich glaube Mittag, und sie ziehen schweigend zur Schule und umstellen das Gebäude. Sie fassen sich bei den Händen und bilden einen Ring. Sie stehen lauschend da, sie erproben hier und da die Festigkeit des Rings. Ihre Bereitschaft, ihre stumme Verständigung, die Schnelligkeit, mit der sie das Schulgebäude umstellen — alles scheint darauf hinzudeuten, daß dies nicht zum erstenmal geschieht. Ruhig stehn sie in der Sonne, und dann löst sich der Bürgermeister aus dem Ring und geht auf das Gebäude zu. Er klopft. Der blinde Lehrer von Tekhila öffnet, und der Bürgermeister läßt ihn die lederne Augenbinde betasten. Der Lehrer bittet ihn ins Haus. Er weiß, daß das Haus umstellt ist. Er fragt: ‚Wer?' und der Bürgermeister sagt: ‚Dein Sohn'. Der Lehrer sagt: ‚Das glaubt ihr doch selbst nicht', und der Bürgermeister darauf: ‚Wir haben Beweise'. Sie reden leise auf dem Flur, einer versucht den andern zu überzeugen oder zu überlisten. Der Bürgermeister verlangt den Sohn des Lehrers zu sprechen. Der Lehrer bietet unaufhörlich Garantien für seinen Sohn an."

„Was hat er angestellt, der Sohn?" fragte der Mann mit der Stahlbrille.

„Mir kannst du dieses Nest schenken", sagte der Rothaarige.

„Während die beiden reden", sagte der Korrektor, „erscheint der Sohn plötzlich, nein, er ist schon da, er steht oben und hört den Männern zu, und auf einmal sagt er zu seinem Vater: ‚Es stimmt. Du weißt es nicht, aber es ist geschehn: Seit dem Unglück damals, als unser Boot kenterte und wir gegen die Felsen trieben — seit diesem Tag kann ich sehen.'"

„Steht das so in der Geschichte?" fragte der Mann mit der Stahlbrille.

„Nein", sagte der Korrektor, „aber so ähnlich oder vielleicht doch so. Beide Männer befehlen dem Sohn herabzukommen, er weigert sich; er bleibt oben auf der Treppe stehen, und da er zu wissen scheint, was ihn erwartet, sagt er zum Bürgermeister: ,Ja, ich kann seit acht Wochen sehen, damit ihr das nur wißt, und seit acht Wochen kenne ich Tekhila.' Er fordert sie auf, zu ihm hinaufzukommen. Er lädt sie höhnisch ein, ihn zu fangen. Der Lehrer bespricht sich leise mit dem Bürgermeister, und dann steigen beide zum Jungen hinauf, der mühelos vor ihnen flieht und der, während er flieht, ihnen ein Angebot macht."

„Welch ein Angebot?" fragte der Rothaarige.

„Morgen könnt ihr's nachlesen", sagte der Korrektor. „Der Junge will ihnen die Möglichkeiten von Tekhila zeigen, er will ihnen helfen, noch mehr herauszuholen für sich. Vor ihnen zurückweichend, erzählt er, was er in acht Wochen entdeckt hat."

„Und das interessiert sie nicht?" sagte der Rothaarige.

„Sie verstehn ihn nicht", sagte der Korrektor.

„Das ist einzusehen", sagte der Rothaarige und ließ seine Karten schnurrend über den Daumen laufen.

„Jedenfalls treiben sie den Jungen nach oben", sagte der Korrektor, „er flieht gemächlich vor ihnen, und sie folgen ihm schweigend und dicht nebeneinander; sie treiben oder drücken ihn vor sich her, der Junge öffnet das Bodenfenster, nein, das ist unwahrscheinlich: Er öffnet ein Fenster, klettert hinaus, hängt mit gestrecktem Körper da und läßt sich dann fallen. Der Fall, der Aufschlag wird von den anderen gehört, sie scheinen darauf gewartet zu haben. Sie nehmen sich sehr fest bei den Händen. Sie rücken zusammen. Wie sie da stehen! Mit lauschenden Gesichtern, gekrümmt, einen Fuß vorgestemmt, als müßten sie einen Ansturm auffangen: So stehn sie da, während der Junge sich mit schmerzenden Knöcheln erhebt. Er entdeckt den Ring, der ihn und das Haus umgibt. Er blickt den Kreis der lauschenden Gesichter entlang, sucht sich zu erinnern: Wie heißt der, wer ist dieser, wo ist die schwächste Stelle? Dann duckt er sich, läuft an, sie hören ihn kommen und verstärken unwillkürlich den Griff. Der Junge wirft sich gegen den Ring. Der Ring gibt nach und fängt ihn auf und umschließt ihn: Er steckt drin wie ein Fisch in der Reuse. Sie halten ihn fest, nehmen ihn in ihre Mitte und warten, bis der Bürgermeister zurückkommt."

„Mit der ledernen Augenbinde", sagte der Mann mit der Stahlbrille.

„Mit der Augenbinde", sagte der Korrektor. „Aber sie legen ihm die Augenbinde noch nicht an. Sie führen oder schleppen ihn durchs Dorf, durch Tekhila. Sie zögern nicht. Sie wissen, was geschehen wird. Alles kommt dir vor wie eine Wiederholung. Jedenfalls bringen sie ihn raus zu dem alten Schöpfwerk draußen vor den Feldern."

„Da beraten sie", sagte der Rothaarige.

„Nein", sagte der Korrektor, „sie beraten nicht. In der Geschichte beraten sie überhaupt nicht. Der Bürgermeister ruft nur einen Mann auf. Es ist ein Mann, von dem du sofort weißt, der hat einschlägige Erfahrungen. Ein Name wird nicht genannt. Dieser Mann hat eine gedrehte Schnur in der Tasche. Er bindet den Jungen am Balken des Schöpfrades fest; dann legt er ihm die lederne Augenbinde an, und während er das tut, merkst du, daß sie das gleiche mit ihm selbst gemacht haben vor langer Zeit."

„Steht der Junge allein am Balken?" fragte der Mann mit der Stahlbrille.

„Ein Maultier", sagte der Korrektor, „am anderen Ende des Balkens ist ein Maultier festgebunden. Die Männer von Tekhila warten, bis alles getan ist. Das Maultier zieht an, der Junge geht mit, Runde für Runde."

„Wie lange", fragte der Rothaarige, „wie lange wird er die Augenbinde tragen?"

„Solange es nötig ist", sagte der Korrektor.

„Vielleicht müssen sie es so machen in Tekhila", sagte der Mann mit der Stahlbrille.

„Ja", sagte der Korrektor, „vielleicht müssen sie es."

„Ich werd' es nachlesen."

„Viermal wird Tekhila genannt, und jedesmal schreibt es sich anders."

„Das sieht dem Nest ähnlich."

„Ja, das sieht ihm ähnlich; ich hab' überall nachgeschlagen, ich konnte nichts finden."

„Überhaupt nichts?" fragte der Mann mit der Stahlbrille.

„Doch", sagte der Korrektor, „ein paar Namen, die sich so ähnlich anhören wie Tekhila."

Der Rothaarige steckte die Karten ein, blickte durch das Abteilfenster und nahm seine Aktenmappe aus dem Gepäcknetz. „Es lohnt sich wohl nicht mehr zu geben", sagte er.

„Nein", sagte der Korrektor, „es lohnt sich nicht mehr."

Wie in schlechten Romanen

Heinrich Böll

Für den Abend hatten wir die Zumpens eingeladen, nette Leute, deren Bekanntschaft ich meinem Schwiegervater verdanke; seit unserer Hochzeit bemüht er sich, mich mit Leuten bekannt zu machen, die mir geschäftlich nützen können, und Zumpen kann mir nützen: er ist Chef einer Kommission, die Aufträge bei großen Siedlungen vergibt, und ich habe in ein Ausschachtungsunternehmen eingeheiratet.

Ich war nervös an diesem Abend, aber meine Frau, Bertha, beruhigte mich. „Die Tatsache", sagte sie, „daß er überhaupt kommt, bedeutet schon etwas. Versuche nur, das Gespräch vorsichtig auf den Auftrag zu bringen. Du weißt, daß morgen der Zuschlag erteilt wird."

Ich stand hinter der Haustürgardine und wartete auf Zumpen. Ich rauchte, zertrat die Zigarettenstummel und schob die Fußmatte darüber. Wenig später stellte ich mich hinter das Badezimmerfenster und dachte darüber nach, warum Zumpen die Einladung wohl angenommen hatte; es konnte ihm nicht viel daran liegen, mit uns zu Abend zu essen, und die Tatsache, daß der Zuschlag für die große Ausschreibung, an der ich mich beteiligt hatte, morgen erteilt werden sollte, hätte ihm die Sache so peinlich machen müssen, wie sie mir war.

Ich dachte auch an den Auftrag: es war ein großer Auftrag, und ich würde 20 000 Mark daran verdienen, und ich wollte das Geld gerne haben.

Bertha hatte meinen Anzug ausgewählt: dunkler Rock, eine etwas hellere Hose und die Krawattenfarbe neutral. Solche Dinge hat sie zu Hause gelernt und im Pensionat bei den Nonnen. Auch, was man den Gästen anbietet, wann man den Kognak reicht, wann den Wermut, wie man den Nachtisch assortiert: es ist wohltuend, eine Frau zu haben, die solche Sachen genau weiß.

Aber auch Bertha war nervös: Als sie mir ihre Hände auf die Schultern legte, berührten sie meinen Hals, und ich spürte, daß die Daumen feucht und kalt waren.

„Es wird schon gut gehen", sagte sie. „Du wirst den Auftrag bekommen."

„Mein Gott", sagte ich, „es geht für mich um 20 000 Mark, und du weißt, wie gut wir sie gebrauchen können."

„Man soll", sagte sie leise, „den Namen Gottes nie im Zusammenhang mit Geld nennen!"

Ein dunkles Auto hielt vor unserem Haus, ein Fabrikat, das mir unbekannt war, aber italienisch aussah. „Langsam", flüsterte Bertha, „warte, bis sie geklingelt haben, laß sie zwei oder drei Sekunden stehen, dann geh langsam zur Tür und öffne!"

Ich sah die Zumpens die Treppe heraufkommen: er ist schlank und groß, hat ergraute Schläfen, einer von der Sorte, die man vor dreißig Jahren „Schwerenöter" nannte; Frau Zumpen ist eine von den mageren dunklen Frauen, bei deren Anblick ich immer an Zitronen denken muß. Ich sah Zumpens Gesicht an, daß es furchtbar langweilig für ihn war, mit uns zu essen.

Dann klingelte es, und ich wartete eine, wartete zwei Sekunden, ging langsam zur Tür und öffnete.

„Ach", sagte ich, „es ist wirklich nett, daß Sie zu uns gekommen sind."

Wir gingen mit den Kognakgläsern in der Hand durch unsere Wohnung, die Zumpens gern sehen wollten. Bertha blieb in der Küche, um aus einer Tube Mayonnaise auf die Appetithappen zu drücken; sie macht das nett: herzförmige Muster, Mäander, kleine Häuschen. Den Zumpens gefiel unsere Wohnung; sie lächelten sich an, als sie in meinem Arbeitszimmer den großen Schreibtisch sahen, auch mir kam er in diesem Augenblick ein wenig zu groß vor.

Zumpen lobte einen kleinen Rokokoschrank, den ich von Großmutter zur Hochzeit bekommen hatte, und eine Barockmadonna in unserem Schlafzimmer.

Als wir ins Eßzimmer zurückkamen, hatte Bertha serviert; auch das hatte sie nett gemacht, so schön und doch sehr natürlich, und es wurde ein gemütliches Essen. Wir sprachen über Filme und Bücher, über die letzten Wahlen, und Zumpen lobte die verschiedenen Käsesorten, und Frau Zumpen lobte den Kaffee und die Törtchen. Dann zeigten wir Zumpens die Fotos von unserer Hochzeitsreise: Bücher von der bretonischen Küste, spanische Esel und Straßenbilder aus Casablanca.

Wir tranken jetzt wieder Kognak, und als ich aufstehen und den Karton mit den Fotos aus unserer Verlobungszeit holen wollte, gab mir Bertha ein Zeichen, und ich holte den Karton nicht. Es wurde für zwei Minuten ganz still, weil wir keinen Gesprächsstoff mehr hatten, und wir dachten alle an den Auftrag; ich dachte an die 20 000 Mark, und es fiel mir ein, daß ich die Flasche Kognak von der Steuer abschreiben konnte. Zumpen blickte auf die Uhr, sagte: „Schade: es ist zehn; wir müssen weg. Es war ein so netter Abend." Und Frau Zumpen sagte: „Reizend war es, und ich hoffe, wir werden Sie einmal bei uns sehen."

„Gern würden wir kommen", sagte Bertha, und wir standen noch eine halbe Minute herum, dachten wieder alle an den Auftrag, und ich spürte, daß Zumpen darauf wartete, daß ich ihn beiseite nehmen und mit ihm darüber sprechen würde. Aber ich tat es nicht. Zumpen küßte Bertha die Hand, und ich ging voran, öffnete die Türen und hielt unten Frau Zumpen den Schlag auf.

„Warum", sagte Bertha sanft, „hast du nicht mit ihm über den Auftrag gesprochen? Du weißt doch, daß morgen der Zuschlag erteilt wird."

„Mein Gott", sagte ich, „ich wußte nicht, wie ich die Rede darauf hätte bringen sollen."

„Bitte", sagte sie sanft, „du hättest ihn unter irgendeinem Vorwand in dein Arbeitszimmer bitten, dort mit ihm sprechen müssen. Du hast doch bemerkt, wie sehr er sich für Kunst interessiert. Du hättest sagen sollen: Ich habe da noch ein Brustkreuz aus dem 18. Jahrhundert, vielleicht würde es Sie interessieren, das zu sehen, und dann . . ."

Ich schwieg, und sie seufzte und band sich die Schürze um. Ich folgte ihr in die Küche; wir sortierten die restlichen Appetithappen in den Eisschrank, und ich kroch auf dem Boden herum, um den Verschluß für die Mayonnaisetube zu suchen. Ich brachte den Rest des Kognaks weg, zählte die Zigarren: Zumpen hatte nur eine geraucht; ich räumte die Aschenbecher leer, aß stehend noch ein Törtchen und sah nach, ob noch Kaffee in der Kanne war. Als ich in die Küche zurückkehrte, stand Bertha mit dem Autoschlüssel in der Hand da.

„Was ist denn los?" fragte ich.

„Natürlich müssen wir hin", sagte sie.

„Wohin?"

„Zu Zumpens", sagte sie, „was denkst du dir?"

„Es ist gleich halb elf."

„Und wenn es Mitternacht wäre", sagte Bertha, „soviel ich weiß, geht es um 20 000 Mark. Glaub nicht, daß die so zimperlich sind."

Sie ging ins Badezimmer, um sich zurechtzumachen, und ich stand hinter ihr und blickte ihr zu, wie sie den Mund abwischte, die Linien neu zog, und zum ersten Male fiel mir auf, wie breit und einfältig dieser Mund ist. Als sie mir den Krawattenknoten festzog, hätte ich sie küssen können, wie ich es früher immer getan hatte, wenn sie mir die Krawatte band, aber ich küßte sie nicht.

In der Stadt waren die Cafés und die Restaurants hell erleuchtet. Leute saßen draußen auf den Terrassen, und in silbernen Eisbechern und Eiskübeln fing sich das Laternenlicht. Bertha blickte mich ermunternd an; aber sie blieb im Auto, als wir an Zumpens Haus hielten, und ich drückte sofort auf die Klingel und war erstaunt, wie schnell die Tür geöffnet wurde. Frau Zumpen schien nicht erstaunt, mich zu sehen; sie trug einen schwarzen Hausanzug mit losen, flatternden Hosenbeinen, mit gelben Blumen benäht, und mehr als je zuvor mußte ich an Zitronen denken.

„Entschuldigen Sie", sagte ich, „ich möchte Ihren Mann sprechen."

„Er ist noch ausgegangen", sagte sie, „er wird in einer halben Stunde zurück sein."

Im Flur sah ich viele Madonnen, gotische und barocke, auch Rokokomadonnen, wenn es die überhaupt gibt.

„Schön", sagte ich, „wenn Sie erlauben, komme ich in einer halben Stunde zurück."

Bertha hatte sich eine Abendzeitung gekauft: sie las darin, rauchte, und als ich mich neben sie setzte, sagte sie: „Ich glaube, du hättest auch mit ihr darüber sprechen können."

„Woher weißt du denn, daß er nicht da war?"

„Weil ich weiß, daß er im Gaffel-Klub sitzt und Schach spielt wie jeden Mittwochabend um diese Zeit."

„Das hättest du mir früher sagen können."

„Versteh mich doch!" sagte Bertha und faltete die Abendzeitung zusammen. „Ich möchte dir doch helfen, möchte, daß du es von dir aus lernst, solche Sachen zu erledigen. Wir hätten nur Vater anzurufen brauchen, und er hätte mit einem einzigen Telefongespräch die Sache für dich erledigt, aber ich will doch, daß du allein den Auftrag bekommst."

„Schön", sagte ich, „was machen wir also: warten wir die halbe Stunde oder gehen wir gleich 'rauf und reden mit ihr?"

„Am besten gehen wir gleich 'rauf", sagte Bertha.

Wir stiegen aus und fuhren zusammen im Aufzug nach oben.

„Das Leben", sagte Bertha, „besteht daraus, Kompromisse zu schließen und Konzessionen zu machen."

Frau Zumpen war genauso wenig erstaunt wie eben, als ich allein gekommen war. Sie begrüßte uns, und wir gingen hinter ihr her in das Arbeitszimmer ihres Mannes. Frau Zumpen holte die Kognakflasche, schenkte ein, und noch bevor ich etwas von dem Auftrag hatte sagen können, schob sie mir einen gelben Schnellhefter zu: „Siedlung Tannenidyll" las ich und blickte erschrocken auf Frau Zumpen, auf Bertha, aber beide lächelten, und Frau Zumpen sagte: „Öffnen Sie die Mappe!" und ich öffnete sie. Drinnen lag ein zweiter, ein rosenfarbener Schnellhefter, und ich las auf diesem „Siedlung Tannenidyll—Ausschachtungsarbeiten". Ich öffnete auch diesen Deckel, sah meinen Kostenanschlag als obersten liegen; oben an den Rand hatte jemand mit Rotstift geschrieben: „Billigstes Angebot."

Ich spürte, wie ich vor Freude rot wurde, spürte mein Herz schlagen und dachte an die 20 000 Mark.

„Mein Gott", sagte ich leise und klappte den Aktendeckel zu, und diesmal vergaß Bertha, mich zu ermahnen.

„Prost", sagte Frau Zumpen lächelnd, „trinken wir also!"

Wir tranken, und ich stand auf und sagte: „Es ist vielleicht plump, aber Sie verstehen vielleicht, daß ich jetzt nach Hause möchte."

„Ich verstehe Sie gut", sagte Frau Zumpen, „es ist nur noch eine Kleinigkeit zu erledigen." Sie nahm die Mappe, blätterte sie durch und sagte: „Ihr Kubikmeterpreis liegt dreißig Pfennig unter dem Preis des nächstbilligeren. Ich schlage vor, Sie setzen den Preis noch um fünfzehn Pfennig herauf: so bleiben Sie immer noch der Billigste und haben doch viertausendfünfhundert Mark mehr. Los, tun Sie's gleich!" Bertha nahm den Füllfederhalter aus ihrer Handtasche und hielt ihn mir hin, aber ich war zu aufgeregt, um zu schreiben; ich gab die Mappe Bertha und beobachtete sie, wie sie mit ruhiger Hand den Meterpreis umänderte, die Endsumme neu schrieb und die Mappe an Frau Zumpen zurückgab.

„Und nun", sagte Frau Zumpen, „nur noch eine Kleinigkeit. Nehmen Sie Ihr Scheckbuch und schreiben Sie einen Scheck über dreitausend Mark aus, es muß ein Barscheck sein und von Ihnen diskontiert."

Sie hatte das zu mir gesagt, aber Bertha war es, die unser Scheckbuch aus ihrer Handtasche nahm und den Scheck ausschrieb.

„Er wird gar nicht gedeckt sein", sagte ich leise.

„Wenn der Zuschlag erteilt wird, gibt es einen Vorschuß, und dann wird er gedeckt sein", sagte Frau Zumpen.

Vielleicht habe ich das, als es geschah, gar nicht begriffen. Als wir im Aufzug hinunterfuhren, sagte Bertha, daß sie glücklich sei, aber ich schwieg.

Bertha wählte einen anderen Weg, wir fuhren durch stille Viertel, Licht sah ich in offenen Fenstern, Menschen auf Balkonen sitzen und Wein trinken; es war eine helle und warme Nacht.

„Der Scheck war für Zumpen?" fragte ich nur einmal leise, und Bertha antwortete ebenso leise: „Natürlich."

Ich blickte auf Berthas kleine bräunliche Hände, mit denen sie sicher und ruhig steuerte. Hände, dachte ich, die Schecks unterschreiben und auf Mayonnaisetuben drücken, und ich blickte höher — auf ihren Mund und spürte auch jetzt keine Lust, ihn zu küssen.

An diesem Abend half ich Bertha nicht, den Wagen in die Garage zu setzen, ich half ihr auch nicht beim Abwaschen. Ich nahm einen großen Kognak, ging in mein Arbeitszimmer hinauf und setzte mich an meinen Schreibtisch, der viel zu groß für mich war. Ich dachte über etwas nach, stand auf, ging ins Schlafzimmer und blickte auf die Barockmadonna, aber auch dort fiel mir das, worüber ich nachdachte, nicht ein.

Das Klingeln des Telefons unterbrach mein Nachdenken; ich nahm den Hörer auf und war nicht erstaunt, Zumpens Stimme zu hören.

„Ihrer Frau", sagte er, „ist ein kleiner Fehler unterlaufen. Sie hat den Meterpreis nicht um fünfzehn, sondern um fünfundzwanzig Pfennige erhöht."

Ich überlegte einen Augenblick und sagte dann: „Das ist kein Fehler, das ist mit meinem Einverständnis geschehen."

Er schwieg erst und sagte dann lachend: „Sie hatten also vorher die verschiedenen Möglichkeiten durchgesprochen?"

„Ja", sagte ich.

„Schön, dann schreiben Sie noch einen Scheck über tausend aus."

„Fünfhundert", sagte ich, und ich dachte: Es ist wie in schlechten Romanen — genauso ist es.

„Achthundert", sagte er, und ich sagte lachend: „Sechshundert", und ich wußte, obwohl ich keine Erfahrung hatte, daß er jetzt siebenhundertfünfzig sagen würde, und als er es wirklich sagte, sagte ich „ja" und hing ein.

Es war noch nicht Mitternacht, als ich die Treppe hinunterging und Zumpen den Scheck ans Auto brachte; er war allein und lachte, als ich ihm den zusammengefalteten Scheck hineinreichte. Als ich langsam ins Haus ging, war von Bertha noch nichts zu sehen; sie kam nicht, als ich ins Arbeitszimmer zurückging; sie kam nicht, als ich noch einmal hinunterging, um mir noch ein Glas Milch aus dem Eisschrank zu holen, und ich wußte, was sie dachte; sie dachte: Er muß darüberkommen, und ich muß ihn allein lassen, er muß das begreifen.

Aber ich begriff das nie, und es war auch unbegreiflich.

Bürokratismus

Michail Sostschenko

Wir haben keine Angst vor dem Bürokratismus. Und auch mit einem Spaziergang durch die Ämter wird uns niemand schrecken. Nein, kein Mensch!

Vor nicht allzu langer Zeit hat der Genosse Kulkow, Feodor Alexejewitsch ein Mittel gegen den Bürokratismus erfunden. Ein ministerieller Kopf, dieser Kulkow.

Und das Mittel ist so wirksam, so billig, daß es wert wäre, im Ausland patentiert zu werden. Leider kann der Genosse Feodor Alexejewitsch Kulkow jetzt nicht ins Ausland reisen — der Ärmste muß gerade wegen seiner Erfindung sitzen. Kein Mensch ist Prophet in seinem Vaterlande.

Gegen den Bürokratismus aber hat Feodor Kulkow ein wirklich schlaues Mittel gefunden.

Kulkow mußte oft zu einer Behörde laufen, weil er irgendeine Angelegenheit zu erledigen hatte. Er lief schon nicht einen oder zwei Monate, sondern Tag für Tag. Ohne Erfolg. Das heißt — nicht einmal, wenn er mit dem Kopf durch die Wand rennen wollte, würden ihn die Bürokraten beachten. Sie graben seine Sache einfach nicht aus. Jagen ihn von einem Stockwerk zum anderen. Dort wieder sind sie gerade beim Frühstück. Oder sie kichern einfach ordinär, statt ihm eine Antwort zu geben.

Natürlich haben auch sie ein schäbiges Leben. Im Laufe eines Tages kommen zu ihnen, den Bürokraten, vielleicht hundert Leute und stellen idiotische Fragen. Unversehens kriecht da die Blödheit aus einem Menschen heraus.

Kulkow jedoch konnte auf so intime Einzelheiten nicht eingehen. Er wollte nicht länger warten und dachte: Wenn ich die Sache heute nicht zu Ende bringe, so wird das schlecht ausgehen. Die Leute werden mich noch länger hinziehen als einen Monat. Ich werde also, denkt Kulkow, gleich einen vom Personal packen und ihm delikat eine ins Maul hineindreschen. Nach einem solchen Faktum werden sie mir vielleicht gnädig Beachtung schenken und meine Angelegenheit erledigen.

Um für jeden Fall gerüstet zu sein, ging Feodor Kulkow nur ins Hochparterre hinauf — dies, um sich nicht sonderlich krumm zu fallen, wenn man ihn durch ein Fenster hinauswürfe.

Er geht also von Zimmer zu Zimmer. Plötzlich sieht er folgende empörende Szene: An einem Tisch sitzt auf einem ledergepolsterten Stuhl irgendein Bürokrat mittlerer Jahre. Weißer Kragen. Krawatte. Manschetten. Sitzt und tut nichts, aber schon absolut gar nichts. Und was noch schlimmer ist — er macht sich breit auf diesem ledergepolsterten Sessel, pfeift vor sich hin und schlenkert mit den Beinen.

Gerade dieser letzte Umstand hat Feodor Kulkow aus dem Gleichgewicht gebracht. So ist das, denkt er, da ist der staatliche Apparat, rings hängen Porträte, liegen Gesetzbücher, stehen Tische und knapp daneben wird gepfiffen und geschlenkert — eine Schande so was!

Feodor Kulkow betrachtete sehr lange den Bürokraten — er sammelte Mut. Dann nahm er einen Anlauf und hieb ihm eine in die Visage.

Tatsächlich fiel der Bürokrat von seinem ledergepolsterten Sessel hinunter. Auch das Schlenkern mit den Beinen hörte auf. Dafür brüllte er aus vollem Halse. War ja auch ganz natürlich.

Sofort liefen von allen Seiten die Bürokraten heran — und sie halten den Kulkow fest, damit er nicht umfalle.

Der Geprügelte sagt: „Ich", sagt er, „bin dahergekommen, um die Erledigung eines Aktes, der seit Monaten hier liegt, zu betreiben. Seit dem frühen Morgen sitze ich jetzt da. Und wenn ich zum Überdruß im staatlichen Apparat, noch dazu auf den nüchternen Magen, sozusagen amtlicherseits verprügelt werde — na, küß die Hand! —, das muß nicht sein. Man kann auch ohne solche Umstände leben."

Feodor Kulkow stand, versteht sich, wie versteinert da.

„Glaubt mir", sagt er, „Genossen, ich wußte nicht, daß er eine Partei sei. Ich dachte einfach, hier säße ein Bürokrat. Sonst hätte ich ihm doch nicht in die Zähne gedroschen."

Der Vorsteher brüllt: „Sofort den Akt Kulkow suchen!"

Der Geprügelte meldet sich zum Wort: „Ich bitte um Verzeihung, vielleicht könnten Sie auch mir Beachtung schenken. Warum soll denn nur der Prügelnde dieses Privileg haben? Ich bitte, auch meinen Akt suchen zu lassen. Ich heiße Obrieskin."

Der Vorsteher schreit: „Sofort auch den Akt Obrieskin suchen!"

Der Geprügelte drückt Kulkow warm die Hand und bedankt sich innig bei ihm: „Tut nichts", sagt er, „das Maul. Bis zum Tode hast du dir meine Dankbarkeit dafür gesichert, daß du gegen dieses ewige Herumschleppen eines Menschen von Amt zu Amt eingegriffen hast."

In beschleunigtem Tempo wird ein Protokoll aufgenommen, und in der Zwischenzeit wird der Akt Kulkow gebracht. Der Akt wird gebracht, die Entscheidung bekanntgegeben, kurz, die Sache geht ihren normalen Lauf.

Und zum Geprügelten sagen sie: „Sie, junger Mann, haben sich wahrscheinlich in der Behörde geirrt. Sie haben wahrscheinlich in einem anderen Amt zu tun, hier gibt es keinen Akt Obrieskin."

Der Geprügelte sagt: „Erbarmet euch, Genossen! Wofür denn, zum Teufel, habe ich denn die Ohrfeige bekommen? Ich bitte, mir wenigstens eine Bestätigung darüber zu geben, daß an dem und dem Tage der Genosse Obrieskin tatsächlich eine Ohrfeige bekommen hat."

Die Ausstellung eines solchen Zeugnisses wurde natürlich abgelehnt, und da, versteht sich, schickte sich Obrieskin an, Feodor Kulkow zu verprügeln. Es gelang jedoch, ihn aus dem Amt zu führen, und die Angelegenheit war erledigt.

Nicht ganz allerdings. Denn Kulkow wurde für zwei Wochen ins Kittchen gesetzt, dafür aber war seine Angelegenheit rasch und zufriedenstellend erledigt worden, ohne daß er viele Wege hätte machen müssen.

Ordnung muß sein

Kurt Kusenberg

Es war einmal ein Land, in dem die Regierung über den Stand aller Dinge
genau unterrichtet sein wollte. Zählungen und Erhebungen von der Art,
wie sie allerorten üblich sind, genügten ihr durchaus nicht; die Wiß-
begier der Obrigkeit drang tief in das Leben eines jeden Bürgers ein und
machte es ihm zur Pflicht, sich selbst scharf zu beobachten, um jederzeit
die nötigen Auskünfte erteilen zu können. Kein Tag verging, ohne daß
der Briefträger einen oder auch mehrere Fragebogen ins Haus brachte,
kein Abend senkte sich nieder, an dem nicht Beauftragte der Regierung
die beantworteten Fragebogen wieder abholten. Es war strengstens an-
geordnet, die Papiere sogleich nach Erhalt mit eigener Hand zu beschriften,
und wer sich dieser Weisung entzog, hatte das Schlimmste zu gewärtigen.
Auf einmalige Verwarnung, die öffentlich und namentlich bekanntgegeben
wurde, folgte beim nächsten Anlaß eine Kerkerstrafe, die selten milde
ausfiel; wiederholte sich die Unbotmäßigkeit, so wurde der Sünder vom
Leben zum Tode gebracht. Unter solchen Umständen kam es dahin, daß
die Bewohner des Landes den Vormittag damit verbrachten, die Fragebogen sorgfältig auszufüllen, und sich erst am Nachmittag, wenn ihnen
leichter ums Herz war, ihrer eigentlichen Arbeit zuwandten.

Da mit Ausnahme der Kinder, die noch nicht schreiben konnten, niemand dieses Zwanges entbunden war, nahm das Leben trotz allem einen
geregelten Gang. Zwar wurde weniger gearbeitet als in anderen Ländern,
doch erwies es sich, daß die verbleibende Arbeit vollauf genügte, um die
Menschen zu nähren, zu kleiden und ihnen dieses oder jenes Verlangen zu
erfüllen. Wenn den Ansprüchen der Regierung überhaupt ein Nachteil
anhaftete, so lag er allenfalls darin, daß die Bürger einen gewissen Teil
ihrer Zeit nicht nach eigenem Ermessen vertun oder nutzen konnten, sondern ihn der allgemeinen Ordnung unterstellen mußten. Ob man das
aber als einen Nachteil ansehen darf, ist zumindest fraglich, ganz davon
abgesehen, daß Ordnung jedes Opfer wert ist. Mochten die täglichen Ein-
tragungen anfangs manchen, vor allem den Ungeübten, hart angekommen
sein, so half auch hier die lindernde und ausgleichende Macht der Gewohnheit weiter. Mit der Zeit mochten die Bürger ihre morgendliche
Schreiberei nicht mehr missen, und alle Fremden, die das Land besuchten,
waren des Lobes voll über den Sonntagsfrieden, der die erste Hälfte des
Tages erfüllte. Solange die Sonne anstieg, saß jung und alt, vornehm und
gering am Schreibtisch, erforschte das Herz, sammelte die Gedanken,

zählte, rechnete und ließ rasch oder langsam die Feder übers Papier gleiten, damit die Regierung genau unterrichtet sei.

Längst ist der Leser neugierig geworden, worauf sich die Anfragen, denen eine solche Bedeutung zukam, eigentlich bezogen. Es wäre einfacher — oder auch schwieriger —, ihm mitzuteilen, was sie nicht einbegriffen, denn ihre Vielfalt war unermeßlich. Wollten die einen Fragebogen wissen, wieviel Zündhölzer, Raketen, Patronen der einzelne jährlich verbrauchte, so erkundigten sich die anderen eingehend nach den Träumen, die ihn kurz vor dem Erwachen heimsuchten, verlangten eingehende Schilderung und wollten wissen, ob bestimmte Träume regelmäßig wiederkehrten und, falls solches zutreffe, in welchen Abständen.

Kaum hatte man nach bestem Vermögen Auskunft gegeben, so erschienen neue Fragebogen, die jedem Haushalt auftrugen, eine Liste aller mit dem Buchstaben R beginnenden Gegenstände anzufertigen und ausdrücklich zu vermerken, welche unter ihnen von grüner Farbe seien. Farbenblinden stand es frei, Hausgenossen oder Nachbarn beizuziehen, allerdings nur unbescholtene Leute; der Nachweis, daß es sich wirklich um solche handelte, mußte gesondert erbracht werden. Zugleich legte dasselbe staatliche Papier Wert auf die Feststellung, wie oft im Verlauf des letzten Jahrzehnts der betreffende Bürger den Haarschneider aufgesucht habe, wie sich — schätzungsweise — der natürliche Haarausfall zum künstlichen Beschnitt verhalte und ob das gefundene Verhältnis annähernd dem Verhältnis zwischen der Schuhnummer und der Kragennummer entspreche.

Nach solchen Beispielen könnte man den Eindruck haben, daß die gestellten Fragen überaus spitzfindig waren und keinen rechten Nutzen erkennen ließen. Beides müssen wir entschieden zurückweisen, denn erstens ist einer Frage nie ohne weiteres anzumerken, welchem geheimen Sinn sie dient, und zweitens liegt der Nutzen einer Unternehmung selten auf zwei Seiten, mitunter aber auf eben der Seite, die ihn nicht wahrhaben will. Was die Einwohner unseres Landes betrifft, so maßten sie sich nicht an, die Fragen der Regierung zu zerfasern, sondern beeilten sich, dieselben zu beantworten, schon darum, weil sie vor dem Mittagsmahl ihrer Pflicht nachkommen wollten. Wer eines gerechten und maßvollen Urteils fähig ist, wird ohnedies zugeben müssen, daß die geforderten Auskünfte ihrem ganzen Wesen nach anziehend waren, ein Aufgebot geistiger Kräfte erheischten und die Bürger unablässig dazu anhielten, sich über ihr Tun und Lassen Rechenschaft abzulegen. Denn es kann auf keinen Fall schaden, wenn jemand sich darauf besinnt, wieviel Morgenröten er zeit seines Lebens beobachtet, ob er je einen Apfelstrunk in ein blühendes Fliedergebüsch geschleudert und in welchem Maße er die Gewohnheit hat, sich körperlichen Reinigungen zu unterziehen, wobei anzuführen wäre, welchen Waschmitteln er den Vorzug gibt, ob er den Vorgang durch lautes Singen begleitet und wie oft er dabei begonnene Melodien nicht zu Ende führt, letzteres mit Angabe der vermutlichen Gründe, der durchschnittlichen Temperatur des Waschwassers und seiner aufrichtigen Einstellung zur Seepolitik des Landes.

Auch ein Verzeichnis aller rotköpfigen Personen, die dem Ausfüller bekannt sind, und die Anzahl der offensichtlich Leberleidenden unter ihnen, eine kurze, jedoch wahrheitsgemäße Aufstellung der Getränke, deren er sich bisher entschlagen hat, dieses ohne Vermerk der Gründe, ferner Angaben über gelesene Bücher und gegessene Fische, nicht einzeln, sondern in Metern dargelegt, und eine bindende Erklärung, ob einerseits Holzknechte im Walde häufiger anzutreffen seien als Rotwild, andererseits Förster öfter als Steinpilze und drittens Störche seltener als Eiben — auch all diese Fragen sind nur dazu angetan, die Gedanken beisammenzuhalten und sie, wie es hier geschah, bedingungslos in den Dienst des Staates zu stellen.

Es drängt sich die Frage auf, was mit den eingesammelten Niederschriften zu geschehen pflegte, und wir sind in der glücklichen Lage, darüber berichten zu können. Nachdem die Beauftragten, meist zu später Stunde, die Fragebogen bündelweise abgeliefert hatten, machten sich zahlreiche Beamte daran, das Material noch in der gleichen Nacht zu sichten. Eile tat not, denn auch die Beamten hatten am Vormittage ihrer bürgerlichen Pflicht zu genügen und mußten sich nachmittags im Hinblick auf die Abendstunden in ständiger Bereitschaft halten. Das Ordnen der Fragebogen vollzog sich nach ebenso bestimmten wie geheimen Gesichtspunkten. Nur soviel sei verraten, daß nicht der Anfangsbuchstabe, sondern der Endbuchstabe der einzelnen Namen dabei als Leitschnur diente. War die Arbeit getan, so wandelten die Bündel, nunmehr ganz anders zusammengesetzt, in die höheren Kanzleien, wo sie nach noch geheimeren Gesichtspunkten, die jedoch — so versichert man — mit der Himmelsrichtung der Straßen, in denen die Ausfüller wohnten, zusammenhingen, neuerlich bearbeitet und schließlich den Ministerien überantwortet wurden, immer sieben Bündel je Ministerium und bei jedem überschrittenen Hundert eines als Zugabe. Jetzt fiel den Referenten die schwere Aufgabe zu, Stichproben vorzunehmen und aus diesen einen Bericht zu gewinnen, der auf keine Einzelheiten, auch auf keine eigentlichen Tatsachen Bezug nahm, sondern von der Anzahl der Schreibfehler, dem Zustand des Papiers und von der verwendeten Tinte einen ungefähren Eindruck zu geben suchte. Diese Berichte lagen den Ministern am nächsten Morgen vor, wur-

den genau überprüft und meistens gutgeheißen. Zwei Wochen später —
in der Regel wurden es drei Wochen — gelangten sie an den Präsidenten,
der sie ungelesen, jedoch mit großer Sorgfalt in eigens dafür bestimmte
Fächer legte.

Der gesunde Menschenverstand

Arkadij Awertschenko

Der Menschheit gewidmet

In das Kriegsministerium eines Landes, dessen Name uns gleichgültig sein
kann, kam eines Tages ein Herr von verschlagenem Aussehen und ver-
langte: „Führen Sie mich vor jemand, der etwas versteht. Ich will ihm
eine wichtige Mitteilung machen."

„Von was — versteht?" fragte man ihn.

„Von der Luftschiffahrt. Ich habe eine Erfindung gemacht, die ich verkaufen will, eine Erfindung, die eine Umwälzung der gesamten Kriegstechnik bedeutet. Wer dieses mein Geheimnis kauft, wird fortan das Über-
gewicht über den Gegner haben. Von nun an entscheidet meine Erfindung
über Niederlage und Sieg."

Hierob waren natürlich alle höchst erfreut und führten den Erfinder
unverzüglich vor einen alten, würdigen General.

Der General freute sich nicht weniger als die andern, bot dem Erfinder
den größten Klubsessel an und fragte dann zuvorkommend: „Worin,
mein Verehrtester, besteht nun also, wenn ich fragen darf, Ihre Erfindung?"

„Ich habe den Typ eines Luftkreuzers konstruiert, der sich eine Woche
in der Luft hält, ein Bataillon Soldaten aufnimmt und jedem Unwetter
trotzt. Vielleicht möchten Sie diesen Luftkreuzer kaufen?"

Und nachdem der General sein Ehrenwort gegeben, des Erfinders Vertrauen nicht zu mißbrauchen, zog dieser ein umfangreiches Paket aus der
Tasche und breitete seine Pläne und Zeichnungen aus.

„Ja", sagte der General, nachdem er die Zeichnungen geprüft hatte,
„das stimmt ja allerdings. Es verhält sich in der Tat, wie Sie sagen. Für
wieviel würden Sie nun diese Erfindung verkaufen?"

„Für eine Million."

„Bravo!" sagte der General und umarmte ihn. „Da haben Sie eine Anweisung auf die Staatskasse. Eine runde Million. Vielen Dank auch. Und wenn Sie mal wieder etwas haben, so kommen Sie nur, bitte, herauf!"

„Ich habe schon jetzt etwas für Sie", sagte der Fremde hinterhältig. „Etwas in der Tat Staunenswertes."

„Nämlich —?"

„Ich habe eine Kanone konstruiert, die Ihren Luftkreuzer in wenigen Augenblicken vernichtet, und zwar so gründlich, daß er wie ein Mehlsack zur Erde plumpst. Der Kreuzer ist völlig machtlos gegen diese Waffe."

„Na, aber hören Sie mal!" sagte der General und runzelte die Brauen. „Das kommt mir denn doch etwas spanisch vor. Schämen Sie sich denn gar nicht? Zuerst erfinden Sie einen wirklich brauchbaren Luftkreuzer, und dann schießen Sie ihn mit Ihrer eigenen Kanone in Trümmer?"

„Ich weiß nicht, was da zu schämen ist", sagte der Besucher unbeirrt. „Sie werden doch zugeben, daß die Kriegstechnik sich unentwegt vervollkommnet und daß niemand auf dem einmal beschrittenen Wege stehenbleiben darf, will er nicht ins Hintertreffen geraten und im Ernstfall unterliegen. Mein Luftkreuzer ist in der Tat eine furchtbare Waffe. Es liegt also auf der Hand, eine Abwehr gegen ihn zu ersinnen."

„Hm... In der Theorie ist das ja unbestreitbar, in der Praxis aber... Nun gut, ich verstehe noch, wenn wenigstens ein anderer diese Kanone konstruiert hätte und sie uns anböte. Aber so, wo Sie selber...?"

„Himmelsakrament!" sagte der Fremde, die Hände zusammenschlagend. „Als wenn das nicht völlig gleich wäre. Nun sagen Sie mir, bitte, mal: Was ändert es an der Sache, wenn ich jetzt die Tür hinter mir zumache, mir den Schnurrbart wegrasiere, einen anderen Rock anziehe, zu derselben Tür hereinkomme und Sie begrüße, als hätte ich Sie nie gesehen? Wenn es Ihnen Spaß macht, will ich Ihnen übrigens den Gefallen gern tun."

Der General war im Grunde genommen so furchtbar dumm nicht, und deshalb schämte er sich ein wenig, denn er sah sehr wohl ein, daß er wirklich eine Dummheit gesagt hatte.

„Zugegeben", sagte er zögernd. „Es bleibt uns nichts weiter übrig, als Ihre Kanone zu kaufen, wenn wir nicht wollen, daß Sie sie an andere verkaufen, und das ist ja Ihr gutes Recht. Wieviel?"

„Eine Million."

Der General schrieb die Anweisung aus, klopfte dem Erfinder auf die Schulter und sagte wohlwollend: „Sie sind aber tatsächlich ein tüchtiger Kerl."

„Oho! Das will ich meinen!"

„Ja, den Deubel auch! Eine solche Kanone zu konstruieren..."

„Na, so schlimm ist es ja nicht. Für alles auf der Welt ist schließlich ein Kraut gewachsen."

„Immerhin, ich meine, soweit ich aus den Zeichnungen ersehe..."

„Ja, ja, gewiß. Diese Kanone ist eine furchtbare Waffe. Dennoch aber..."

Der Erfinder ließ sich von neuem in seinem Sessel nieder, sah den General scheinbar harmlos an und sagte listig:

„...dennoch aber: was werden Sie dazu sagen, wenn ich Ihnen ein kleines Geheimnis anvertraue, das für Sie vielleicht von Interesse ist, nämlich: ich habe zum Schutz des Luftkreuzers gegen die Kanone eine Panzerhülle erfunden — eine so starke Panzerung, daß die Kanone sie nicht einmal zu schrammen vermag."

Der General griff sich an den Kopf. „Ja, wollen Sie mich denn völlig verrückt machen? So zu handeln wie Sie ist verächtlich — ist gemein — ist ehrlos."

Der Fremde runzelte die Stirn.

„Ich handle nie ehrlos — merken Sie sich das! Was gibt Ihnen ein Recht zu einem solchen Vorwurf? Ist mein Luftkreuzer etwa schlecht? Er ist vorzüglich. Ist meine Kanone etwa schlecht? Sie ist ein Meisterwerk. Was wollen Sie also von mir? Habe ich Sie etwa übervorteilt oder hinters Licht geführt?"

„Sie hätten mir die Panzerhülle gleich anbieten sollen."

„Erlauben Sie mal!" sagte der Erfinder überlegen. „Die Kriegskunst — und die Kriegstechnik ganz besonders — muß sich, will sie gesund sein, organisch entwickeln. Solche Sprünge, wie Sie meinen, gibt es da nicht."

Danach saßen beide eine Weile schweigend. Der General grübelte angestrengt, der Erfinder rauchte gemütlich seine Zigarre.

Eigentlich hätte ihm ja der General am liebsten abermals vorgehalten, daß es besser gewesen wäre, wenn ein anderer ihm die Panzerung angeboten hätte, aber er fürchtete, der Fremde werde ihm wieder vorschlagen, er wolle sich den Schnurrbart wegrasieren. Nein, wirklich, warum sollte er sich obendrein auch noch lächerlich machen? Er faßte also seinen Entschluß, gab sich einen Ruck und sagte: „Wieviel?"

„Eine Million."

„Nehmen Sie wenigstens eine halbe!"

„Fällt mir gar nicht ein", sagte der Besucher. „Ich bekomme von anderen sogar zwei dafür."

„Ja, ja. Nun, meinetwegen. Da — nehmen Sie Ihre Million! In Gottes Namen! Ruinieren Sie uns!"

Der Erfinder legte die Anweisung zu den andern, drückte dem General die Hand und machte einen Schritt zur Tür.

„Hören Sie!" hielt ihn der General zurück. „Einen Augenblick noch. Sie sind also Ihrer Sache völlig sicher? Ich meine: daß die Panzerung einem jeden Geschützfeuer standhält?"

Der Fremde lächelte. „Aus meiner Kanone? Selbstverständlich."

„So daß wir in diesem Punkt also beruhigt sein können?"

„Selbstverständlich. Das heißt, unter dem Vorbehalt, daß nicht neue Geschosse von besonderer Durchschlagskraft erfunden werden."

„Wie? Und Sie meinen allen Ernstes, daß sie erfunden werden?"

„Zweifellos."

„Barmherziger Himmel! Ja, wann denn?"

„Sie ... sind bereits erfunden."

„Von wem?"

„Von mir."

„Ja, zum Deubel noch einmal! Warum sagen Sie das denn nicht?"

„Wieso? Ich sage Ihnen doch: diese Geschosse sind bereits erfunden."

Der General schlug eine höhnische Lache an.

„So, so ... Und nun werden Sie uns also diese neuen Geschosse anbieten — nicht wahr? Und wenn wir diese Geschosse gekauft haben, so werden Sie abermals über das ganze Gesicht grinsen und uns mitteilen, daß Sie noch eine Panzerung vorrätig haben — eine Panzerung gegen Ihre eigenen Geschosse, nicht wahr?"

„Zweifellos."

„Und wenn Sie uns wieder eine Million abgeknöpft haben, werden Sie wieder ein Geschoß und eine Panzerung erfinden, nicht wahr?"

„Zweifellos."

Der General fuchtelte wie besessen mit den Händen, riß sich ein Büschel Haare aus und schrie: „Daß Sie der Satan fresse! Bei lebendigem Leibe. Daß die Erde Sie verschlinge! Sie haben uns in einen Hinterhalt gelockt, aus dem wir nicht mehr herausfinden. Sie plündern uns aus. Sie saugen unser Blut. Sie ruinieren unser Land. Wie heißen Sie? Nennen Sie wenigstens Ihren Namen, damit wir ihn auf allen Kreuzwegen verfluchen können."

Der Fremde war aufgesprungen. Sein Gesicht, auf dem bis dahin ein spöttisches Lächeln gespielt hatte, war finster; seine Unterlippe bebte vor verhaltenem Zorn. „Schimpfen mögen Sie mich, soviel Ihnen beliebt", sagte er eisig. „Davon werden Sie nicht klüger und ich nicht dümmer. Meinen Namen werde ich Ihnen nicht nennen; wenn Sie aber ein bißchen mehr Verstand hätten, als Sie haben, so würden Sie einsehen, daß ich die Logik in Person, daß ich geradezu der gesunde Menschenverstand bin. Um Ihren Verstand dagegen ist es schwach bestellt, und das ist auch der

Grund, warum Sie nicht begreifen, daß es gleichgültig ist, ob Ihr Land sich mit dem Wettrüsten in zehn Jahren oder in zehn Minuten ruiniert. Der menschliche Genius hat zu Ihnen gesprochen, und Sie — Sie Einfaltspinsel, setzen ihn vor die Tür. Das soll mich allerdings wenig kümmern; ein jeder blamiert und ruiniert sich eben, so gut er kann. Sie aber, Sie haben nicht mal Temperament genug, sich wenigstens auf einmal gründlich zu ruinieren. Habe die Ehre."

Mit diesen Worten warf der Fremde die Tür hinter sich zu und verließ das Kriegsministerium eines Landes, dessen Name uns schließlich gleichgültig sein kann.

Autoren und Quellen

Awertschenko, Arkadij, geboren 1881 in Sewastopol, gestorben 1925 in Prag, *S. 91*: Heiterkeit kennt keine Grenzen, Frankfurt am Main 1963, S. 328-333 — *Bergengruen, Werner*, geboren 1892 in Riga, gestorben 1964 in Baden-Baden, *S. 5*: Die Flamme im Säulenholz, Zürich — *Bobrowski, Johannes*, geboren 1917 in Tilsit, gestorben 1965 in Berlin, *S. 24*: Boehlendorff und andere, Stuttgart 1965, S. 70 bis 72 — *Böll, Heinrich*, geboren 1917 in Köln, lebt in Köln, *S. 80*: Erzählungen, Hörspiele, Aufsätze, Köln-Berlin 1961, S. 115—121 — *Borchert, Wolfgang*, geboren 1921 in Hamburg, gestorben 1947 in Basel, *S. 45*: Das Gesamtwerk, Hamburg 1949, S. 219—222 — *Butor, Michel*, geboren 1926 in Mons-en Baroel, Lille, lebt in Paris, *S. 57*: in Bernard Larsson: Die ganze Stadt Berlin, Hamburg 1964, S. 7—17 — *Buzzati, Dino*, geboren 1906 in Belluno (Italien), lebt in Mailand, *S. 65*: Das Haus mit den sieben Stockwerken, aus dem Italienischen von Antonio Luigi und Nino Erné, München — *Eisenreich, Herbert*, geboren 1925 in Linz (Österreich), lebt in Sandl bei Freistadt (Österreich), *S. 34*: Böse schöne Welt, Gütersloh 1957, S. 99—105 — *Frisch, Max*, geboren 1911 in Zürich, lebt in Zürich, *S. 73*: Tagebuch 1946—1949, Frankfurt am Main 1950, S. 35—37 — *Hemingway, Ernest*, geboren 1899 in Oak Park, Illinois, gestorben 1961 in Ketchum, Idaho, *S. 15*: 49 stories, Hamburg 1950 — *Jahnn, Hans Henny*, geboren 1894 in Hamburg-Stellingen, gestorben 1959 in Hamburg, *S. 10*: 13 nicht geheure Geschichten, Hamburg 1954, S. 96—101 gekürzt — *Kafka, Franz*, geboren 1883 in Prag, gestorben 1924 im Sanatorium Kierling bei Wien, *S. 63*: Die Erzählungen, Frankfurt am Main 1961, S. 293—294 — *Kasack, Hermann*, geboren 1896 in Potsdam, gestorben 1966 in Stuttgart, *S. 42*: Das unbekannte Ziel, Frankfurt am Main 1963, S. 63—66 — *Kusenberg, Kurt*, geboren 1904 in Göteborg, lebt in Hamburg, *S. 88*: La Botella, Hamburg 1940, S. 59—63 — *Lenz, Siegfried*, geboren 1926 in Lyck (Ostpreußen), lebt in Hamburg, *S. 37*: Das Feuerschiff, zehn Erzählungen, Hamburg (C) 1960, S. 155—163; *S. 74*: Die Zeit Nr. 2 vom 7.1.1966 — *Mann, Thomas*, geboren 1875 in Lübeck, gestorben 1955 in Kilchberg bei Zürich, *S. 26*: Die Erzählungen, Frankfurt am Main (C) 1966 Katja Mann — *Piontek, Heinz*, geboren 1925 in Kreuzberg (Oberschlesien), lebt in Dillingen an der Donau, *S. 53*: Vor Augen, Esslingen 1955, S. 41—47 — *Seghers, Anna* (Pseudonym für Netty Radvanyi, geborene Reiling), geboren 1900 in Mainz, lebt in Berlin, *S. 48*: Erzählungen Band 1, Neuwied am Rhein und Berlin-Spandau 1964, S. 199—206 gekürzt — *Sostschenko, Michail*, geboren 1895 in Poltawa (Rußland), gestorben 1958 in Leningrad, *S. 83*: Die Stiefel des Zaren, Erzählungen aus dem heutigen Rußland, Frankfurt am Main-Berlin 1961, Ullstein-Buch 328, S. 20—22